흥남부두 LST를 탄 소녀

변옥산 이야기시집

흥남부두 LST를 탄 소녀

잊혀진 기억 퍼즐로 다시 메운삶의 행로...

해암

| 시인의 말 |

너울거리는 푸른 물빛
험난한 망망대해
목숨 건 1·4 후퇴
피란민 실은 LST

꿈도 희망도 잃은 채
살기 위한 몸부림
공포 속에 웅크린 시간
북풍한설의 초라한 행색

남북 분단의 실향민
70년 넘게 땀 흘려
뿌리 내려 정든 새 고향
파릇한 온기로 품은 남한 땅

지난 세월을 더듬어 본 삶의 흔적들이 곳곳에 남아 당시의 상황들이 노년이 되도록 잊히지 않는다. 살아남기 위해 모진 가난과 싸워야 했고 피나는 노력을 해야만 했다. 한 맺힌 사연들을 전쟁의 아픔으로 다시 기록하게 될 줄이야.

6·25로 인해 부모 형제 남북으로 갈라져 아픔을 가슴에 묻은 채 일생을 보낸 사람들이 얼마나 많은가. 세파에 멍든 가슴 안고 사력을 다해 버텨왔건만 남북의 갈등은 계속 이어지는 불안한 세상. 어느덧 70년 넘는 세월이 흘러도 날카로운 경계선은 아직 그대로다.

 전쟁의 고통을 겪어오신 부모님 세대들이 모진 고난 속에서도 용케 살아남아 산도 설고 물도 선 낯선 땅에서 새로 정든 고향. 긴 세월 속에 새 뿌리를 내렸다.

 하루속히 분단된 국가에서 벗어나 하나 되었으면 하는 바람뿐….

2022. 봄
素田 변 옥 산

| 차례 |

제1부 ▶▶ 흥남부두의 생명선

17　기억의 퍼즐Puzzle 놀이
18　잃어버린 퍼즐판
19　어릴 적 부모님
20　전쟁 터지다
21　산속 움막집
22　피란길
23　흥남부두 가는 길
24　날강도
25　흥남부두의 달빛
26　사라진 아버지
27　승선 동아줄
28　미군함 LST를 타다
29　뒤죽박죽의 사연들
30　군함 속의 일상
31　아슬아슬한 순간
32　갑판 위의 시체
33　어수선한 LST
34　몽둥이 치안

제2부 거제도 피란살이

37 산도 물도 낯선 섬
38 거제도 첫밤
39 소금 반찬
40 아버지의 글방
41 뱀 마을
42 칠천돌이
43 배곯은 연초면
44 미군의 간식 선물
45 몸에 뿌린 DDT
46 친척을 만나다
47 산기슭 움막집
48 쌀 한 바가지
49 고향을 포기하신 부모님
50 새로운 시작의 꿈
51 생존 실험
52 대처로 가자

제3부 ▶▶ 충무동 판잣집

55 충무동 피란민 판잣집
56 뿌리 옮기기 연습
57 어지러운 국제시장
58 늦둥이 사연
59 거리에 나선 아이들
60 나아진 살림살이
61 판잣집 이별
62 아버지의 문학 활동
63 주먹패
64 판자촌 대화재
65 아버지의 예감
66 아버지 돌아가시다
67 물것들 이야기
68 전쟁의 사연

제4부 뿌리 옮긴 타향

71 결혼
72 남편의 피란길 1
73 남편의 피란길 2
74 남편의 피란길 3
75 엉성한 밥 짓기
76 불이 났다
77 냄비 천둥소리
78 다대포 해수욕장
79 어머니 돌아가시다
80 엄마의 작은딸
81 그리운 어머니
82 시어머니 돌아가시다
83 남편의 스케이트
84 큰아들 짝꿍
85 작은아들의 호기심
86 작은아들의 몽돌
87 남편은 바이올리니스트

제4부 ▶▶ 뿌리 옮긴 타향

88   남편의 취미생활
89   무정한 사람
90   벗이 된 딸
91   만학도의 길
92   졸업 여행
93   여동생 학위수여식
94   뿌리 내린 보수동
95   또순이 친구
96   공부 농사
97   박수근 미술관
98   손주들
99   휴대전화와 택시기사
100   문학 입문
101   대만 문학 기행
102   외양포 일본군 요새
103   대항 인공동굴
104   부모님 생각

제5부 닻을 내린 낙동강

107 닻을 내린 낙동강
108 물빛 그리움
109 봄비
110 외양포
111 서낙동강에서
112 봄
113 여명
114 봄꽃
115 석양
116 강물 사계절
118 유리창
119 고독의 침묵
121 인생사
122 남망산 조각공원
123 인연
124 낙엽 인생
125 여름과 가을 사이

제5부 ▶▶ 닻을 내린 낙동강

126 어느 멋진 날
127 천성진성에서
128 위대한 자연
129 충만한 낙동강
130 정동진 기행
131 신축년 소망
132 꿈에라도

제6부 　 낙동강의 시심

135　낙동강 물길
136　강물은 흘러간다
137　낙동강 시화 거리
138　봄의 여왕
139　봄소식
140　코로나 19
142　낙동강 봄꽃
143　새벽 운해
144　강가에서
145　경쟁 속에서
146　벚꽃길
147　유채꽃 향기
148　강변 벚꽃길
149　봄 향기
150　봄, 낙동강 강둑길
151　단비 내린 후
152　강물의 울림

제6부 ▶▶ 낙동강의 시심

153 하얀 목련
154 풀꽃
155 가을 낙동강
156 가을 속삭임
157 가을바람
158 가을
159 겨울 풍경
160 행서行書
161 세상살이
162 황혼 예찬
163 황혼빛 강바람
164 서평 | 서태수

제1부
흥남부두의 생명선

변옥산 이야기시집

기억의 퍼즐Puzzle 놀이

전쟁이 터졌다. 나는 열 살.
6·25가 무엇인지도 몰랐지만 공습과 폭격에 도망을 다녔다.
살을 에는 혹한 속에서 우리 가족 네 명은 흥남부두에서 미군 군함 LST를 탔다.
거제도 피란살이를 거쳐 부산 국제시장에서 실뿌리를 내렸다.

전쟁의 피란민이 된 부모님의 절박하던 삶을 직접 보고 자란 아이는 어느덧 그때 부모 나이보다 더 늙은이가 되었다.
세월 속에서 조각조각 흩어져 버린 내 기억의 파편들. 흥남에서 부산까지의 조각들을 주워 퍼즐 맞추기 놀이를 시작한다.

잃어버린 퍼즐판

고향에 대한 기억은 텅 빈 종이판이다. 전쟁과 피란 통에 잃어버린 모양이다. 동무도 없고, 동네 생김새도 기억나지 않는다.

우리 집이 기와집이고 마당에는 방공호가 있었다는 것, 초등학교 2학년 때 쉬는 시간이면 학교 운동장에서 아이들과 뛰어놀던 기억들만 희미한 옛 그림자로 떠오른다. 학교에서 집에 오면 책가방을 두고 어머니 가게에 가면 먹거리를 사주시던 기억은 어렴풋이 난다.

전쟁 이전의 부모님 기억도 별로 없다. 다만 엄마의 야단에 혼쭐이 난 기억만은 분명하다. 저녁밥 먹은 후 동네 아이들과 놀다 그만 어두워졌다. 달밤이라 시간 가는 줄 몰랐다.

"밤 깊은 줄도 모르고 밖에서 놀다 왔느냐?"

어머니의 고성에 대문 밖으로 쫓겨났다. 그때는 동무들과 노는 게 제일 재미있었다.

밤늦게까지 놀면 안 된다는 것을 가르쳐주신 어머니. 아버지의 밥상머리 훈육과 함께 나에게는 평생 잊지 못할 기억이 되었다. 그때는 부모님 말씀이 제일 무서웠다.

어릴 적 부모님

흐릿하게 남아있는 어린 시절 부모님 기억으로 아버지 머리맡에는 늘 책이 놓여 있었다. 어머니는 하루도 거르지 않고 달걀후라이를 만들어 식전에 아버지께 드리셨다. 아버지를 끔찍이 공경하신 어머니! 부모님은 금실이 좋아 보였다.

우리 네 가족은 단란한 가정이었다. 아버지는 한학자시고 우체국에 근무하셨다. 어머니는 자매를 키우며 쌀가게를 하시고 평범한 생활을 하신 것 같다.

근면히 사신 덕분에 유년을 다복하게 보냈다.

아버지는 자상하시다. 밥상에 둘러앉으면 사람은 반드시 배워 남을 존경할 줄 아는 바른 사람이 되어야 한다고 하셨다. 배우지 못하면 비단옷을 입어도 냄새가 난다는 말씀이 지금도 기억에 남는다.

전쟁 터지다

여름이었다. 동생과 어머니 가게로 가는데 갑자기 무서운 비행기 소리. 혼비백산한 사람들이 부리나케 도망가기 시작했다.
"전쟁이다!"
어른들이 뛰면서 고함을 질렀다. 우리도 겁에 질려 무작정 달렸다. 동생 손을 잡고 무작정 달렸는데 우리 집이었다.

낮이면 귀를 찢는 비행기 소리. 폭격이 시작되면 천지를 진동하는 굉음에 놀란 사람들이 방공호 속으로 뛰어들었다. 밤이면 대포 쏘는 소리가 멀리서 들렸다. 불덩이 대포알이 공중에서 팽글팽글 돌았다.

산속 움막집

전쟁이 길어지자 사람들은 산속으로 숨었다.
부모님도 얼기설기 소나무집을 짓고 두 자매를 피란시켰다.
자식들 먹을거리를 챙겨오시는데 비행기 폭격이 시작되었다고 했다. 숨을 곳을 찾아 정신없이 몸을 던진 어머니. 생과 사를 넘나들며 아슬한 고비를 넘기는 일이 허다했다.
동생과 산에서 놀다 비행기가 뜨면 깜짝 놀라 뛰다가 넘어졌다. 나를 쏠까 봐 겁이 나 얼른 나무 밑에 숨었다.
밤이면 불꽃 튀는 총알도 겁 없이 쳐다보았다.

피란길

여러 달이 지나 어머니 따라 동생과 오랜만에 집에 왔다. 파편 조각이 여기저기 널려있었다. 문종이는 다 찢어졌다.

그래도 우리 집, 그것도 잠시였다.

어른들이 어수선해지기 시작했다. 중공군이 쳐들어와 유엔군이 후퇴한다는 소식. 이젠 우리 집에서 안심하고 살 줄 알았는데 무서웠다.

이웃 사람들이 밤이면 잠을 자지 않고 들락거리는 대문 소리에 아버지께서 이왕 떠날 걸 서둘러 떠나자고 하셨다. 떠날 때는 길어야 육 개월, 짧으면 삼 개월이면 고향으로 돌아온다는 소문이 돌았다. 부모님은 세 들어 사는 사람에게 돌아올 때까지 집 잘 봐달라는 부탁과 열쇠를 맡겼다. 떠날 때 어머니는 솜 바지저고리를 두툼하게 입혀주셨다.

고난의 길이 시작되었다.
우리 네 가족도 남들 따라 흥남부두로 향했다.

흥남부두 가는 길

흥남부두로 가던 길목의 퍼즐 조각은 온통 회색이다.
가진 것 다 버리고 살기 위해 떠나야 하는 막연한 길이었나 보다.
겨울의 심한 추위에 부모님 따라 걷고 걸어서 서두른 것 같다.
미군 군함을 타야 한다는 소문에 어디로 가서 언제 돌아올지는 아무도 모른다.

남자 어른들은 바지저고리에 등짐을 지고, 엄마들은 치마저고리에 고무신 신고 아이를 업은 채 큼직한 보따리를 이고 발걸음을 재촉했다.
아이들은 종종걸음으로 부모 손을 꼭 잡고 끌려가듯 뛰었다.
피란길의 겨울바람은 사정없이 휘몰아쳤다.
누가 먼저 미국 군함에 올라타느냐로 생사가 갈린다고 했다.

날강도

사람들이 배를 타기 위해 밀려드는 부두에는 냉랭한 기운이 감돌았다.

어수선한 분위기에 갈피를 못 잡고 있는데 웬 검은색 양복을 입은 한 남자가 슬며시 나타나더니 배를 타기 전에 쇠붙이 종류의 물건들은 다 내놓으라고 윽박질렀다. 만일 당신들이 가지고 배를 타면 가는 도중에 바닷물에 빠뜨린다고 큰소리로 외쳤다. 사람들은 당황하여 보따리를 풀어 그릇 등을 꺼내놓았다. 우리도 가위와 수저를 내놓았다.

알고 보니 남아있는 사람들이 물건을 뺏기 위한 협박이었다고 한다.

흥남부두의 달빛

흥남부두의 달빛은 환하게 겨울밤을 밝히고 있었다.
꽁꽁 언 땅 위에는 수많은 인파의 물결이 일고 있다.
그 속에서 어른들의 울음이 들려왔다.
밀리는 인파에 손을 놓쳐버린 아이를 찾는 엄마의 피맺힌 목소리였다.
어른을 잃어버린 아이 울음소리도 애처롭게 들렸다.
가족을 찾는 애절한 목소리는 거친 파도에 묻혀갔다.
다행히 우리 가족, 네 명은 한 곳에 웅크리고 앉을 수 있었다.

사라진 아버지

언제 어떻게 배를 타게 될지도 모른 채 막막할 뿐이다.
기다리고 기다리는 시간. 바람 찬 부두에는 어수선하고 살벌한 분위기가 돌기 시작했다.
그런데 어느 순간 사라진 우리 아버지. 처음에는 화장실 가신 줄 알고 기다렸다. 시간이 흐르자 애가 탄 어머니는 어린 두 딸 돌보랴, 아버지 모습 찾아 사방을 살피랴 정신이 없다.
종일 기다려도 오지 않는 아버지. 배를 타야 할 텐데. 어디에 계시는지 어린 자매를 두고 찾아 나서지도 못하고, 자리도 지켜야 배를 탈 수 있다.
시간은 자꾸만 흘러가고 불안한 어머니의 얼굴은 사색이 되어 갔다.

어둑어둑할 무렵 초췌한 행색으로 나타난 아버지!
부두의 분위기를 살피던 중 갑자기 끌려가 노동을 하고 풀려났다고 하신다.
북에 남아있는 사람들이 닥치는 대로 남자들을 끌고 가 억지로 시킨 뜻밖의 노동이었다.
천만다행이었다.

승선 동아줄

수많은 인파의 물결이 너울처럼 하얗게 일렁거렸다.
어디서부터인가 배를 타기 시작했다고 한다.

다시 혼란이다. 빽빽이 모인 사람들 속에 아우성소리가 애처롭게 섞였다. 배를 타야 하는데, 가족을 찾지 못해 목이 터지라고 애타게 부르는 소리.
앞다투어 배를 타려고 아비규환이다.
이 많은 사람이 어떻게 배를 탈지, 불어나는 인파의 물결은 끝이 없다.
차츰 승선이 이루어지면서 질서가 잡혀갔다. 누가 타고 어디부터 못 타게 될지는 아무도 모를 일이다.

LST의 여유 공간이 생사를 가른다고 사람들이 수군거렸다. 생명선 동아줄을 놓치지 않으려고 모두 온몸을 찰싹 붙여서 섰다.

미군함 LST를 타다

 무엇이 어떻게 돌아가는지도 모르고 부모님 손만 꼭 잡고 있었다.
 앞도 뒤도 알 수 없는 긴 줄이 움직이는지 사람들이 발걸음을 떼기 시작했다.
 배인지 땅인지 모르고 사람들 뒤꿈치만 내려다보며 발걸음을 옮겼다.
 행렬 양쪽으로 미군들이 숫자를 세고 있었다.

 잠시 후 앞줄이 흩어지기 시작했다.
 뒤를 돌아보니 뒷줄 사람도 얼마 되지 않는다.
 뒷줄은 끊겼다!
 사람들 아우성도 점점 조용해졌다.
 우리 가족은 LST를 탄 것이다!

뒤죽박죽의 사연들

무사히 우리 가족은 배 1층에 탔다.

배에 타기는 해도 각자의 사연들은 복잡했다. 자식과 헤어진 부모, 부모 잃은 아이, 형제 소식도 모르는 이산가족이 된 난감한 사연들의 삶이 뒤죽박죽으로 엉켜 있었다.

비좁고 시끄럽긴 해도 배 안은 조금씩 질서가 잡혀갔다.

막막한 앞날이 어떻게 바뀔지도 모르고 내일을 기약할 수 없다. 그저 피란민 대열에 끼여 같이 움직일 뿐. 남으로 간다는 것만 알지 어떤 삶이 기다리고 맞이할지 도무지 오리무중이다.

모든 것 다 잃어 빈손으로 떠나는 한숨도, 배를 탔다는 안도감과 또 당장 어떻게 될지 모르는 새로운 고난 속에 어렴풋이 묻혀가고 있었다.

군함 속의 일상

 겉으로는 질서가 잡혀 있지만 피란선의 현장은 조용한 아비규환이다.
 배고파 기진맥진한 사람, 목마른 사람, 추위에 떠는 사람 등 가지가지다.
 어머니께서 빵을 많이 만들어 왔기에 배는 고프지 않았다. 목이 마르면 빵을 주고 물과 바꿔먹기도 하였다.

 잠은 앉은 채로 새우잠을 자야 했다. 화장실 갈 때나 움직일 때마다 사람들 사이를 비집으며 넘어 다녀야 했다. 어른과 아이도 뱃멀미로 구역질하는 사람이 부지기수였다. 어머니도 뱃멀미하셨다. 어떻게 말로 다 표현할 수 없는 처참한 환경이었다.
 그래도 조금만 고생하면 고향으로 돌아갈 수 있지 않을까, 하는 막연한 희망 하나로 버티는 사람들이다.

아슬아슬한 순간

 사람들이 배 안에 다닥다닥 쪼그려 앉아 어른들끼리 오고 가는 이야기 소리가 귀에 들렸다.
 수많은 피란민이 배를 타기 시작하자 인파에 밀리면서 배와 연결해 놓은 널빤지가 무게를 지탱하지 못해 부러지는 소동이 났단다. 한 가족의 어머니가 길게 걸쳐놓은 널빤지를 밟는 순간 부러졌단다. 머리에 이고 있던 보따리는 물속으로 떨어지고 사람만 대롱대롱 매달렸다. 아이들이 울부짖고 사람들이 다급하게 끌어올리는 아슬아슬한 일도 겪었단다. 모두들 목숨을 부지하기 위해 위험한 순간을 우여곡절 넘기며 겨우 LST를 탔다.
 지치고 힘든 고난의 길은 끝없이 이어졌다.

갑판 위의 시체

배 안에서 며칠을 지내다 보니 또래 친구가 생겼다.
같이 화장실에 갔다가 갑판 위에도 올라가 보았다.
바람이 모질게 부는 바다는 한없이 넓었다. 사람들이 두세 명이 모여 있고 가마니를 덮어 놓은 것이 보였다. 호기심에 가까이 살펴보니 죽은 사람이었다.
우리는 무섬증도 느끼지 않고 함께 구경했다. 추위 때문인지 굶어 죽었는지 알 수는 없었다. 어른들은 이야기를 두런거리다가 한숨만 내쉬었다.
망망대해 살을 에는 스산한 바닷바람은 쉴 새 없이 불고 또 불었다.

어수선한 LST

며칠이 지났을까.

파도가 심한 곳에서 1층 배 안에 물이 들어왔다.

갑자기 놀란 사람들이 아수라장이 되었다. 사색이 되어 벽에 매달리는 사람들. 당황하여 우왕좌왕 전쟁터를 방불케 하였다.

이때 웬 아저씨가 곡괭이를 들고 와 맨홀 뚜껑을 들어 올리자 물이 빠지기 시작했다. 안도의 한숨이 나왔다. 예기치 못한 일들이 순간적으로 사람을 놀라게 만든다. 한 순간도 마음 놓을 수 없었다.

한숨 돌리는데 갑자기 주변이 웅성웅성 소란이다. 어른들 이야기에 누군가 아이를 낳는다고 했다. 비좁은 와중에 어머니들이 부산하게 움직였다. 어수선한 환경 속에서도 미군 군함에서 별별 일들이 일어났다.

몽둥이 치안

 갑자기 배 안이 또 우왕좌왕 질서 없고 혼란스럽다.
 사람들이 두어 명 꿇려 앉혀놓고 몽둥이로 사정없이 후려치고 있었다.
 때리는 사람도 맞는 사람도 한국 사람들이다.
 비명에 온몸이 다 오그라지는 것 같은 공포에 싸였다.
 무엇을 잘못했는지는 모르겠다.
 한참 후에야 진정이 되었다.
 끔찍한 광경에 잠자다 가위눌리기도 했다.
 지금도 그 속사정이 수수께끼로 남아 궁금하다.

제2부
거제도 피란살이

변옥산 이야기시집

산도 물도 낯선 섬

배가 육지에 도착했다. 며칠이 걸린 줄은 모르겠다. 남쪽 섬나라 안전한 곳이란다.

산도 물도 사람도 낯설다. 인솔자를 따라 다시 시골 마을로 무거운 짐을 이고 지고 피란민의 행진은 이어졌다. 비행기 소리가 들리면 사람들은 깜짝 놀라 숨으려고 했다.

다섯 살 여동생이 다리 아프다고, 업어 달라고 칭얼댔다. 걷다가 점포가 보이면 이것저것 사달라고 엄마보고 졸랐다. 어머니는 지쳐 넘어지기도 여러 번이었다.

목적지에 도착했나 보다. 어른들은 마을 이름이 무슨 섬이라고 했다. 북에서 피란민이 왔다고 마을 사람들이 구경 나왔다. 그런데 남자아이들이 머리를 땋아 내리고 등에는 지게를 지고 다녔다. 처음 본 나는 깜짝 놀라 눈이 휘둥그레졌다. 땔감용 나무를 하러 갈 때 쓰이는 걸 나중에 알게 되었다.

거제도 첫밤

인솔자 아저씨가 사람들을 학교로 데려갔다.
잠잘 곳이 정해지지 않아 오늘은 여기서 잔다고 했다.
교실이 아니고 휑뎅그렁한 운동장이다.
가마니를 나눠 주었다.
깔고 덮었다.
남쪽이라지만 웅크린 겨울밤은 몹시 추웠다.
밤하늘 별빛이 손에 닿을 듯 반짝이고 있었다.
별똥별이 길게 떨어졌다.

소금 반찬

피란민들은 마을의 집집에 배치를 받았다. 살림 도구가 없어 깡통에 배급받은 납작보리와 안남미 쌀로 밥을 지었다. 반찬은 소금이 전부였다. 그래도 밥을 먹을 수 있어 좋았다.

하루는 주인집 어르신이 우리가 식사하는 걸 보시고 "찍어 드시는 것이 무엇입니까? 설탕입니까." 하고 아버지에게 물어보셨다. 소금이라고 하자 당장 나가시더니 딸을 시켜 미나리 김치 한 대접을 보냈다. 미나리가 무엇인지도 몰랐다. 어머니께서 맛보시고 미나리 김치라고 하셨다. 그때 소금 찍어 먹는 맛도 아주 맛있었는데, 미나리 김치맛은 더 꿀맛이었다.

주인집 언니는 고구마를 삶으면 소쿠리에 담아 종종 먹으라고 주었다. 고구마 빼떼기도 여기서 처음 먹어봤다.

아버지의 글방

배급 양식으로는 부족했다. 부모님의 노력으로 생활을 꾸려나갔다. 어머니는 삯바느질하셨다. 가끔은 추수철이 되면 이웃에 일을 거들기도 하면서 정도 들었다.

아버지는 시골아이들 천자문을 가르치셨다. 측은지심으로 가르치셨다. 종이가 있을 리가 없다. 아버지께서 사판沙板을 손수 만드셨다. 널빤지 나무를 적당한 길이로 잘라서 상자처럼 만들었다. 모래를 담아 놓고 짧은 막대기로 '천天' 자를 쓰고는 벽을 탁! 치면 모래판이 가지런해졌다. 아이들도 나도 신기해하며 재미있게 공부했다.

한동안 가르치다 보니 다른 마을에서 소식을 듣고 한학을 하신 어르신들이 찾아오셨다. 그 후로부터 자주 오셔서 아버지께 물어보시고 의논도 하셨다. 내가 학교 운동장에서 놀면 선생님들이 나를 보고 변선생님 딸이라고 알아보기도 했다.

이웃에서 고마워하시며 밭작물을 가져오곤 했다.

덕분에 배는 곯지 않았다.

뱀 마을

 메마른 산은 헐벗었고 산과 들에는 뱀이 많은 마을이었다. 길인지 산인지도 분간 없이 뱀의 놀이터다. 사람들은 뱀을 봐도 잡지 않는다.
 바느질하려고 장롱 위 반짇고리를 내리는 순간 뱀이 똬리 틀고 있었다. 뱀도 놀라고 사람도 혼비백산. 각각 도망가기에 바쁜 일도 자주 생겼다. 지붕 위를 기어 다니던 뱀이 마당에 병아리 노는 것을 보고 지붕 위에서 툭 떨어지는 일도 있었다. 우물 속에 큰 구렁이 한 마리가 가로 붙어있는데도 어른들이 조용히 바가지로 물을 푸는 것이다. 건드리면 안 된다고 하였다. 우리도 그 물을 길어다 먹었다.
 피란 온 아저씨 한 분은 뱀을 잽싸게 잘 잡았다. 솔밭 소나무에 뱀을 잔뜩 걸어놓기도 했다. 사람들이 무심결에 지나다 엄청 놀라는 일도 잦았다. 산이고 들이고 뱀이 풍년이었다.

칠천돌이

거제도 칠천도에서도 아이들이 태어났다. 그런데 사내 아이들 이름이 좀 우스웠다.

이름들이 칠천돌이, 칠천이, 개천돌이, 섬돌이가 많이 생겼다. 피란 생활에 귀천이 없다 보니 생각나는 대로 이름을 지었나 보다.

엄마가 아이를 '칠천돌아' '개천돌아' 하고 부를 때는 웃음이 터졌다. 간혹 호적에 올린 아이도 있어 학교에서 놀림감이 되기도 했다. 그래도 철없는 개구쟁이, 코흘리개들이 잘 뛰어놀았다.

배곯은 연초면

섬마을에서 살다 거제도로 이사를 나왔다. 노를 젓는 작은 배를 탔다. 큰 배가 지나가자 파도에 요동치며 뱃머리가 하늘로 올라갔다 내려올 때마다 얼마나 용을 썼는지 육신이 다 아팠다고 하신 어머니. 금방 배가 뒤집혀 바닷물에 휩싸여 죽는 줄만 알았다고 하셨다.
파도에 밀려가며 겨우 도착한 곳이 연초면이었다.
여기는 배급 쌀이 나오지 않았다. 강냉이 가루는 가끔 나왔으나 늘 배고픔의 고통을 감수해야만 했던 부모님. 부모님은 평생 살아오시면서 가장 생활이 어려운 시절이었다고 하셨다. 맨몸으로 그 힘든 세월을 어떻게 사셨는지. 부모님은 고생하셨지만 나는 전쟁의 소용돌이에서 좀 안정을 찾아 연초면 생활부터는 제법 생생하게 기억이 되살아난다.
이 마을에는 연초라고 이름 지은 아이도 더러 있었다.

미군의 간식 선물

 미군 지프차가 지나가면 아이들이 우루루 몰려 따라갔다. 군인들이 초콜릿이나 껌을 던져주고 아이들은 서로 받으려고 자빠지고 엎어지고 난리 법석이었다.
 한번은 미군 트럭에 동네 아이들을 많이 태웠다. 무슨 날인지는 모르겠는데 부모님들이 기다렸다가 미군 트럭이 오자 자기 집 아이들을 트럭에 들어 올려 태웠다. 나도 아버지가 태워줘서 트럭을 타고 미군 부대로 간 적이 있다. 군인들이 많았다. 건빵, 초콜릿, 빵, 껌, 과자 등등 선물을 받아온 기억이 난다. 어른도 아이들도 무척 좋아했다.

몸에 뿌린 DDT

가끔은 옷가지를 구호물자로 받았다. 속내의 등 추위에 따뜻하게 입었다. 내복을 입고 포근히 잠들던 생각이 희미하게 스친다. 고무신이 없어 짚신을 처음 신고 다녔다. 고무신과 달라서 잘 벗겨져 뛰어놀기에 불편했다.

몸에는 이도 많았다. 잡고 잡아도 계속 생겼다. 검은 머릿속에는 서캐도 일었다. 물것들이 어찌나 설치던지….

때로는 어른, 아이 할 것 없이 한 줄로 늘어서서 디디티 살충제를 뿌렸다. 옷소매와 등과 머리에 미군들이 뿌려 주었다. 하얗게 덮어썼다. 물것들과의 전쟁을 치르며 배고픔도 참고 견뎌야만 하던 어린 시절이다.

친척을 만나다

연초면에서 우연히 작은 외당숙을 만났다.
꿈인지 생시인지 고향에서 보고 남한에서 처음 만나 반갑고 든든하고 힘이 되었다. 고향에 계실 때부터 작은 외당숙은 우리 집에 자주 오시고 부모님과 친히 지낸 사이다.
지금은 미군 부대에서 일하고 계셨다.
부모 형제 떨어져 미혼으로 따로 피란 나와 외롭게 지내다 서로 의지하며 집에 자주 오실 때마다 각종 미제깡통을 가져왔다. 큰 깡통에 든 분유, 고기 통조림, 옥수수 통조림, 건빵과 빵 종류 등을 맛보았다. 많은 위안이 되고 도움이 되었다.
생활에 얽매인 어머니는 사는 게 귀천이 없었다. 뜻밖에도 시장에서 고향 사람들을 가끔 만나 반가웠다. 그러나 모진 가난은 피란민의 살을 파고들었다. 서로 어려운 처지지만 고생 이야기도 나누고 때로는 한숨과 함께 회포도 푸셨다.

산기슭 움막집

거제도 연초에는 사람이 시골보다 많았다. 시장 주변 평지에는 이미 움막집들이 나란히 자리 잡고 있었다.
우리 집은 너른 강물이 흐르는 징검다리 건너 산언덕에 자리 잡았다. 어른들이 나무를 엮어 지은 흙집. 방 한 칸에 부엌이 달린 집이다. 비가 많이 와 개울물이 불어나면 치마를 무릎 위까지 걷어 올리고 강을 건넜다. 가끔 미끄러져 물에 빠지기도 했다. 드센 물살이 무서웠다.
방 안은 아늑하다. 벽지는 미국 신문지로 도배했다. 운 좋게 이곳에서 만난 작은외당숙 덕분이다. 미군 부대 다니는 작은외당숙께서 가져오신 신문지다. 미국 어린이들의 사진을 보면 눈이 크고 예뻤다. 학교에서 집에 오면 벽지 그림을 쳐다보는 재미도 쏠쏠했다. 벽과 천장을 만화 그림처럼 앉아서도 누워서도 볼 수 있었다.
배는 곯았지만, 날씨가 추워도 떨지 않고 지냈다.

쌀 한 바가지

고향에서 쌀가게를 하신 어머니는 고향을 떠날 때 작은 방 가득 쌓아놓은 쌀가마니 생각에 밤잠을 이루지 못하셨다. 끼니가 걱정되는 어머니는 콩나물 공장에 버려진 콩나물 대가리를 골라 죽을 쓰시는데, 쌀 쪽은 아버지, 그 다음 자식, 어머니는 맹물을 마시기를 여러 달을 하고 나니 영양실조로 퉁퉁 부었던 어머니 얼굴.
 부모 나이 되어서야 그 마음을 알 것 같아 가슴 뭉클해진다.

 우리 생활이 어려운 것을 보다 못한 이웃집 아주머니가 귀한 흰쌀을 큰 바가지로 한가득 주셨다. 눈이 번쩍 뜨였다. 우리 식구 죽을 쒀먹어도 며칠 먹을 양이다. 어머니는 받으시면서 눈물이 글썽거렸다.
 어린 마음에도 어찌나 고맙던지. 아직도 갸름하신 얼굴 모습이 어렴풋이 기억난다. 그분을 한번 보고 싶고, 몇 배로 갚고 싶어도 볼 수 없고 갚을 길이 없어 늘 고마운 생각이 머리에서 지워지지 않는다.

고향을 포기하신 부모님

아버지는 천식으로 병환 중이시고 어머니는 장사가 잘 안 되어 생계가 매우 어려웠다. 끼니조차 해결할 수 없는 눈물겨운 나날이었다. 고향으로 되돌아갈 수도 없어 가난한 현실은 하루하루 막막하기 그지없다.

처음 거제도에 도착했을 때 진작부터 이곳에 머물렀으면 지금쯤은 자리를 잡아 배곯을 고생은 하지 않을 텐데, 부모님이 후회스럽다고 하셨다. 그때는 어디가 어딘지 우리 마음대로 못하고 팔자소관대로 인솔자를 따라가야 했다.

아쉬움이 크신 모양이다. 사람의 앞일을 모르니 어쩔 수 없는 노릇이었다.

지나고 보니 이때부터 부모님은 고향을 포기하고 남한 어딘가에 뿌리내려야 할 미래를 예상하신 것 같다.

새로운 시작의 꿈

　어느 날 아버지 따라 산에 나무하러 갔다가 우연히 큰외당숙을 산에서 만나게 되었다. 작은 외당숙을 먼저 만났는데 또 큰외당숙도 만나다니! 너무 반가웠다. 서로 떨어져 피란 나와 남한 땅에서 만나 반가움은 이루 말할 수 없었다.
　큰외당숙께서는 거제도 연초면에서 사시다 먼저 부산으로 이사 나와 자리 잡고 계셨다.
　어머니와는 동갑이고 '누님, 동생'하며 가깝게 지낸 터라 더욱 반가웠다. 부모님이 온갖 고생으로 근근이 생활을 꾸려가는 형편을 아신 큰외당숙께서 "누님, 부산에 한번 오세요."하셨다.
　어머니는 많은 생각을 하신 모양이다. 그러나 막상 떠나려니 뱃삯이 없어 망설이자 작은외당숙께서 한번 다녀오시라고 뱃삯을 마련해주셨다.
　어머니는 거제도에서 처음으로 부산 구경을 하시게 되었다. 큰외당숙께서 반가워하시면서 며칠 쉬다 가라고 하셨다. 이왕 부산에 온 김에 어머니는 경험 삼아 시장 구경하시면서 이리저리 생활의 방편을 두루 살펴보셨다.

생존 실험

역시 부산 국제시장은 큰 도시였나보다. 어머니는 거제도로 돌아갈 뱃삯이라도 마련하려고 마음먹었단다. 국제시장은 사람 구경만 해도 무엇이든 하면 될 것만 같은 생각으로 바빠졌다. 시장에서 채소 도매하는 곳을 물어보면 낯선 사람이라 잘 가르쳐주지 않았다고 하셨다.

겨우 도매상을 알아내고는 채소 한 함지박 받아다 노점에서 장사를 해 보았다. 잘 팔려 하루에 두세 차례 받아다 팔고는 힘든 줄도 모르고, 용기가 생겼단다. 이때는 사람이 많아 무엇이든지 잘 팔렸다고 한다.

그러나 천둥 번개를 동반한 비가 사정없이 퍼붓던 날, 장사도 제대로 못 하고 옷은 흠뻑 젖었다. 함지박을 이고 큰외당숙 가족들 보기 민망해 집에 들어가지 못하고 꿀꿀이 죽으로 허기를 채우시고 시장터 빈 매대에서 웅크리고 하룻밤을 지냈다.

그래도 이곳에서는 먹고 살아갈 희망이 보였단다.

대처로 가자

다음 날 걱정이 된 큰외당숙께서 시장에 찾아오셨다. 장사 마치고 집으로 오라고 신신당부를 하셨다.

채소를 다 팔고 집에 들어가 보니 큰외당숙은 뜻밖의 일을 준비해 두셨다. 판잣집을 하나 사 놓았다고 했다. 누님 걱정 마시고 부산으로 이사 나오도록 하란다.

꿈같은 일이었다. 역시 큰 도시라 사람들의 행동이 활기차다.

어머니는 잠잘 내 집이 있으니 부산 나오는 이사비용도 마련하기로 하셨다. 며칠 더 장사하고 이사비용을 마련해 거제도 집에 도착하신 어머니.

집에 오시자마자 아버지께 자초지종 말씀드리고는 부산으로 이사할 준비를 하셨다. 아버지도 결심이 섰다.

대처로 가서 새로운 시작을 도모하자!

제3부
충무동 판잣집

변옥산 이야기시집

충무동 피란민 판잣집

어차피 맨몸으로 내려온 피란이었다.

사람이 붐비는 곳이면 무엇을 하여도 밥은 먹겠지. 장사 경험도 있고 생각은 훤한데 아는 바도 가진 것도 없어 막연하였으나 이젠 잠잘 곳은 마련되었다.

외당숙의 도움으로 연초면에서 연락선을 타고 바닷물을 가르며 배곯았던 추억도 미련 없이 뒤로하고 우리 가족은 새 꿈을 안고 부산으로 향했다. 나는 14살, 고향에서 LST 배를 타고 내려온 지 4년 만이다.

부산은 새로운 세상이었다. 충무초등학교 옆 경찰병원 담장 옆으로 피란민 판잣집이 일렬로 쭉 있는 그곳에서 살았다. 지금은 서구청이 들어선 곳이다.

큰외당숙께서 마련해주신 충무동 판잣집에서 보금자리를 틀었다. 방이 정말 작았다. 그래도 우리 집이다. 집 앞에는 교회도 있고 오고 가는 사람 구경도 하고 차 소리도 들렸다.

우리 부모님, 고향을 가슴에 묻어둔 새로운 시작이었다.

뿌리 옮기기 연습

큰외당숙은 충무동 사거리에서 장작 도매상을 하고 계셨다. 연초면에서 우리 가족이 먼저 부산 나온 다음에 작은외당숙도 부산으로 나와 결혼하시고 국제시장에서 양복점으로 자리를 잡으셨다.

어머니는 채소 장사를 하시고 아버지는 한학을 계속하셨다. 원래 몸이 약하신 관계로 주로 생활은 어머니께서 꾸려가셨다. 주어진 운명에 그저 따를 뿐이다.

어머니의 눈물겨운 헌신적 노력으로 고마운 판잣집 값도 다 갚았다. 우리 가족은 가난해도 화목하게 지냈다.

어지러운 국제시장

　피란민들은 판잣집 생활이 넉넉지 않은 살림들이다. 대충 끼니를 이어가는 형편들이었다. 그래도 피란민들이 차츰 자리 잡으면서 조금씩은 안정이 되어 갔다.
　생활을 위한 방편으로 장사하시는 분들이 많아 국제시장이 피란민으로 몹시 붐볐다. 어른들은 잠에서 눈뜨자마자 대충 챙겨입다 보면 옷을 뒤집어 입은 채 바쁜 걸음으로 뛰어다니기도 하였다.
　국제시장 골목은 피란민들에게 실낱같은 희망이 되기도 했다.
　미군 부대서 나온 군복이나 깡통 통조림도 흔했다. 여자들이 군복을 어깨에 메고 다니며 팔기도 했다. 소매치기와 도둑도 많아 매일 소란이 일어난다고 한다. 부산의 명물 영도다리는 피란민의 애환이 담긴 만남의 장소가 되었다.

늦둥이 사연

 판잣집에 사는 아가씨의 부모님께서 쉰에 남동생을 낳았다. 부모님은 생활에 매달리고 아이는 누나가 집 살림하며 남동생까지 키워야 했다.
 남동생은 아기 때부터 누나를 엄마로 알고 '엄마, 엄마' 하고 불렀다. 길을 걸어 다닐 때도 엄마라고 불렀다. 아가씨가 늘 동생을 달고 다니느라 마음대로 친구들과 어울리지도 못하고 동생에게 매달려야만 하던 일도 피란 시절의 한 토막 이야기로 남았다.
 훗날, 그 부모님들은 쉰에 본 막내아들 곁에서 여생을 마치셨다.

거리에 나선 아이들

 어수선하던 부산 거리에는 아이들도 살기 위해 길거리 고난을 겪어야 했다. 구두닦기와 껌팔이 신문 돌리기도 하며 그날그날을 열심히 뛰었다. 깡통을 들고 음식점마다 들락이며 끼니를 해결하는 아이들도 많았다. 온갖 수모를 당하며 살기 위해선 닥치는 대로 무엇이든 해야 했다.
 새벽잠 설쳐가며 신문 배달과 껌팔이로 거리를 활보하며 다니기도 했다. 구두닦기 통을 메고 "구두닦어!"를 외치고 다방을 찾아 손님들 구두닦기에 여념이던 아이들이 때로는 건달들한테 걸려 돈도 빼앗기고 매도 맞았다.
 가난이 아이를 철들게 하고 경험 속에 자라면서 성장했다. 너나없이 겪는 고난 속에 애처롭던 거리의 아이들….

나아진 살림살이

충무동 판잣집에서 한동안 사는데 철거가 시작되었다. 괴정동에 좀 나은 판잣집으로 이사를 했다. 그곳은 시내버스도 하루에 몇 대밖에 다니지 않아 대부분 사람이 대티고개를 넘어 시내까지 걸어서 다녔다. 당시 대티고개는 나무들이 무성하고 으슥한 길이라 어두울 때는 혼자 다니기에는 무서웠다.

어머니는 시장 매대에서 메리야스 장사를 하시면서 살림이 차츰 나아졌다. 어머니의 꾸준하신 노력으로 먹고사는 데는 별지장이 없었다. 괴정동에서는 교통이 너무 불편하여 다시 충무동으로 이사할 계획을 세우셨다.

판잣집 이별

판잣집과 슬픈 추억의 이별을 했다.
충무동에 다세대 주택을 마련하였다.
따닥따닥 붙어있는 집이다. 판잣집보다 편하고 따뜻했다. 무엇보다 시내이다 보니 여러 가지 편리해서 좋았다. 여러 가구가 어울려 살다 보니 시끄러운 일도, 가끔은 웃을 일도 있었다.
이 시절 전해 들은 우스개 이야기 한 토막.
함경도 신랑, 경상도 색씨 신혼부부가 알콩달콩 재미나게 살다 말다툼이 벌어졌다.
무슨 영문인지는 모르지만, 사투리가 튀어나왔나 보다.
신랑이 '머꼬가 무시기고?'
신부가 '무시기가 머꼬?'
머꼬가 무시기고 무시기가 머꼬 반복하여 다투고 있었다.
서로 고향이 달라 생긴 오해다. 말이 잘 통하지 않아 우스운 말다툼을 듣던 지난날의 기억들. 지금쯤 모두 황혼길에 아옹다옹 맴돌고 있겠지….

아버지의 문학 활동

큰딸인 나는 이제 18살이 되어 어머니를 도와 집안 살림을 도맡았다. 온 가족이 각자 맡은 일에 충실하였다.

한학을 하신 한시인漢詩人인 아버지는 약간의 여유가 생기자 본격적으로 문학 활동을 시작하셨다. 촉석루 문우회 주체 전국한시 모집 부분에 촉석루 시로 당선하셨다. 이후 계속해서 실력을 발휘하셔 제3회 전국한시 모집 부분에 추천시 당선, 공보실 주체 전국유림 시선 이승만 대통령 팔십사 세 송축시 당선 등으로 활동이 활발해졌다. 가끔 문우회 초대받아 시조창도 읊으셨다.

아버지의 건강하신 활동으로 집안이 화기가 돌고 원활하게 제대로 돌아갔다. 가까이 사시는 한시 문우 선생님들도 한시 짓기를 하시느라 우리 집에서 자주 모이셨다.

주먹패

다세대주택에서 사시는 분들의 직업은 다양했다. 약국 하시는 분, 집에서 한복 바느질하시는 분, 장사하시는 분, 주먹 쓰는 사람도 있었다. 싸움이 붙으면 기마(騎馬) 경찰들이 종종 순찰하였다.

내가 사는 충무동에서 충무동 주먹패와 남포동 주먹패하고 싸움이 붙었다. 그날따라 정화조 분뇨를 푸는 날이었다. 치고받고 하다 충무동 주먹패가 밀리자 하필 똥통을 들어 남포동 주먹패에게 패대기를 쳤다. 그 바람에 똥세례를 받고 독한 냄새에 취해 너도나도 물러서는 통에 큰 싸움도 중단되었다. 분뇨를 푸던 아저씨가 뜻밖의 망측한 일을 당하고는 어쩔 줄 몰라 하시던 그 아저씨. 구경하는 순간 무섭기도 하고 많이 웃었던 기억도 난다. 주먹 쓰는 사람일지라도 이웃에 사는 사람은 절대 괴롭히는 일이 없고 보호하는 의리 하나는 있었다. 까마득한 당시의 피란살이에 자주 하는 구경거리였다.

판자촌 대화재

　요란한 사이렌 소리에 밖에 나가보니 연기에 쌓인 불길이 하늘로 치솟고 있다. 1950년대 중반. 충무동 바다 매립지에는 피란민 판자촌이 밀집해 있었다. 수없이 많은 집들이 다닥다닥 게딱지처럼 붙어있는 판자촌에 대화재가 난 것이다.
　나는 다세대 주택에서 살 때인데 이웃 친구와 불구경하러 갔다. 현장에는 아수라장으로 소방대원들이 접근을 막고 진화하느라 정신이 없다. 판잣집들이 순식간에 불바다가 되었다.
　사람들이 걱정되어 불난 현장으로 지인을 찾아갔다. 화재를 당한 아주머니가 급하게 나오다 솥단지 하나라도 들고 나온다고 나와 보니 요강단지라고 울먹이며 하는 이야기를 들었다. 친구와 억장이 무너지면서도 웃음이 터졌다. 얼마나 혼비백산 당황하였으면 솥단지 가지고 나온다는 게 요강단지를 들고나왔을까? 절박한 피란민들의 삶이었다.

아버지의 예감

어느 날 아버지께서 밖에 손님이 오신 것 같다며 방문을 열어보라고 하셨다. 문을 열고 살펴도 손님은 보이지 않았다.
"아무도 오시지 않았어요. 아버지."
"그래?"
식사를 잘 드시지 못해 몸이 허약해진 탓인가? 사나흘 지나 다시 부르셨다. 밖에 손님이 왔으니 문 열어보라고 하시기에 얼른 방문을 열어봐도 손님은 오시지 않았다.
"아버지 손님이 오시지 않았어요." 말씀드리니 머리를 갸우뚱하신다.
"두루마기 입고 갓을 쓴 손님이 오신 것 같은데."
이상하다는 표정을 지으셨다. 지금 부모 나이가 되고 보니 어른들께서 돌아가실 때는 저승사자 모시러 오신다는 말씀이 생각난다.

아버지 돌아가시다

나의 결혼을 앞두고 충무동 다세대 주택에서 아버지께서 돌아가셨다.

아버지는 아침 일찍 기상하시면 항상 손에는 책을 들고 계셨다. 문학 활동을 한동안 하시다가 해수병으로 점점 나빠지면서 병세로 고생하시게 되었다. 가족들은 아버지 곁을 지키며 할 수 있는 데까지 다해 구완하였지만 회복되지는 않으셨다. 6·25전쟁으로 피란 생활에 몸을 돌보지 못한 관계로 더욱 심하게 된 것이 아닌가 한다.

의사 선생님이 왕진오셔서 진료하신 후 "준비하셔야 하겠습니다."고 했다. 가족들은 아버지 곁에서 마지막 임종을 지켜보았다. 하늘이 무너지는 것 같았다. 내가 성장해서는 주로 아버지와 가까이 지내는 시간이 많았다. 출상하던 날 내 생애 처음으로 많은 눈물을 흘린 것 같다. 아버지 계시지 않은 빈자리는 한동안 허전한 나날을 보내야만 했다.

물것들 이야기

　술을 좋아하던 두 사돈 가끔 술자리 마주하였단다. 하루는 신랑 아버지의 사돈집 방문으로 술자리가 벌어졌고 과하게 마신 술에 취해 그만 사돈집에 묵게 되었다.
　그런데 웃지 못할 상황이 벌어졌다. 아침잠에서 깨어나 본즉 신랑 아버지 입은 흰 바지저고리에 빈대, 벼룩의 검붉은 배설물들이 점점이 얼룩무늬로 칠갑했겠다. 사돈 체면이 영 말이 아니다. 남사스러워 가지도 오지도 못하고 서로 쳐다보고 허, 참 허, 참!
　물것들이 한창 설치던 시절 두 사돈 하도 민망해 아무 말도 못하고 먼 산 바라보고 허, 참 연속 허, 참!

전쟁의 사연

피란민은 각각 파란만장한 사연들이 있었다.
다급한 1·4 후퇴로 약혼자와 생사의 갈림길에서 만나지 못하고 혼자 피란 나온 아가씨가 있었다. 아픈 사연을 안고 남한에서 결혼했다. 살면서도 약혼자를 잊지 못하고 먹고 살기 위해 생활전선에 매달렸다. 세상을 원망하고 자식으로 위로받기도 했다. 어디다 하소연도 못 하고 가슴에 묻고 한평생 애절한 사연을 품고 버텨온 삶이었다.
고향에서 자식 낳고 다복하게 살다 남편과 떨어져 피란 나오지 못하고 자나 깨나 그리움에 쌓여 살다 아이들하고 먹고살기 힘들어 어쩔 수 없이 마음에 없는 재혼을 한 여자도 있었다. 6·25로 인해 각색의 안타까운 사연들이 가슴에 멍든 채 일생을 보낸 여인들의 사연도 많았다.

제4부
뿌리 옮긴 타향

변옥산 이야기시집

결혼

일가친지의 소개로 시향 단원인 바이올리니스트와 결혼하였다.

남편은 활달한 성격이고 세심한 편이다. 아버지 돌아가시고 허전하던 집안이 내가 결혼하면서 든든하고 화기가 돌기 시작하였다.

가정을 꾸미고 남편 뒷바라지며 아이들 키우고 살림하는 게 힘들어도 나의 몫이려니 여기고 살림에 전념하였다. 철없는 생각에 결혼하면 좋은 줄 알았지만 현실은 만만치 않은 생활이었다. 아이들이 커 가는 과정에서 내일의 꿈을 설계하며 열심히 노력했다. 그때그때 헤쳐나갈 힘을 다져가며 서로 화합하여 능력에 맞게 생활하다 보니 일생을 큰 굴곡 없이 조금씩 이루며 산 것 같다.

여동생도 대학 졸업 후 외국기관에서 근무하다 괜찮은 사람 만나 결혼하고 미국에서 살게 되었다.

남편의 피란길 1
- 남으로 걷고 걸었다

시어머님은 두 아들을 두셨다. 전쟁이 나기 전에 작은 아들 대학 공부시킨다고 미리 서울에 왔다고 했다.

갑자기 중공군이 쳐들어오고 유엔군이 밀리면서 후퇴한다는 소식에 남편은 함경남도 북청에서 남으로 피란 떠나야 했다고 한다. 어디를 가야 할지 방향도 잡을 수 없는 막막한 길이었다. 혼자 떨어져 있었기에 아버지를 만나지 못한 채 동료들과 걸어서 떠나게 되었다.

남편은 음악 활동을 하다가 집에 가지 못하고 급하게 동료들 십여 명을 인솔하고 무작정 떠났다고 했다. 배가 고프면 마을의 가정집에서 밥을 얻어 동료들과 나눠 먹으며 허기를 면하기도 하였단다. 청년들이 단체로 행동하다 보니 의심받는 일도 있었다. 걷다 날이 어두워지면 대충 몸을 의지할만한 곳을 찾아 추위를 견디며 잠을 잤다고 했다. 반복되는 날들을 보내면서 끝이 어딘지도 모르는 길을 걷고 또 걸었단다.

남편의 피란길 2
- 국군의 심문

떼를 지어 걸어오는 청년들을 보고 국군이 심문하였다. 어디를 가느냐고 물었다. 남편이 "같이 음악 활동하다 피란 가는 길"이라고 하자 정말이냐고 되물었다. 틀림없다고 자세히 설명하였더니 말을 잘한다고 "빨갱이 아니냐"고 도리어 의심했다고 한다. 우리는 단체로 음악 활동한 동료들인데 갑자기 떠나다 보니 부모 형제 만나지 못하고 홀로 되었다고 재차 설명하고는 운 좋게 풀려난 일도 있었단다.

한숨 돌리고는 이러다가는 위험해서 안 되겠다는 생각에 서로 의논하고 따로따로 가자고 헤어졌단다. 걷다 허기지면 냇가에서 세수하고 머리도 다듬고 마을 집에 밥을 얻으러 가면 주인아주머니가 쳐다보고 젊은이 참 딱하다고 밥을 주곤 했단다.

남편의 피란길 3
- 몰래 탄 기차

걷다 걷다 지쳤다. 걸을 힘도 다 빠졌다. 부산으로 가야 하는데 아무것도 가진 게 없고 몸은 지칠 대로 지쳤다. 생각 끝에 기차를 타야 했다. 숨어서 기차 짐칸에 겨우 매달리다시피 탔단다. 안절부절 불안한 시간이 지나 부산에 도착했다. 춥고 배고픔에 기력은 다 소진되었다. 막상 어디를 가야 할지 망설이다 피란민들이 있는 수용소에서 잠시 머물게 되었단다. 여기서 부두 노동도 처음 해봤다고 했다.

시간이 지나고 차츰 안정되면서 어머니와 동생도 만나게 되었다.

고향에서 걱정 없이 살다 전쟁으로 살길이 막연해 피눈물 나는 피란길. 목숨을 걸고 죽을힘 다해 걷고 걸어서 남한 땅에 안착하게 된 것이다.

엉성한 밥 짓기

결혼하고 서툰 솜씨로 밥을 지었다. 실수투성이었다. 쌀을 씻어 조리로 돌을 고르고 골라내도 밥에는 돌이 숨어있었다. 하필 식성 까다로운 남편에게만. 아작 씹히는 소리에 민망했지.

참고 넘어가다 짜증이 난 남편 내 이빨 다 빠지겠단다. 조심해도 실수 연발이다. 그때는 왜 그리 쌀에 돌이 많았는지….

적은 밥을 하다 식구가 늘다 보니 신경 쓰이고 연탄불에 밥하기 힘들었다.

하루는 밥이 다 되어 솥뚜껑을 열고 밥을 푸는데 풀기가 없고 푸슬푸슬한 밥이 이상했다. 위에는 설익은 밥, 가운데는 죽밥, 밑에는 밥이 탔다. 남편이 하도 어이가 없어 한솥에 세 가지 밥하는 기술도 보통 기술이 아니라고 놀렸다. 웃고 넘긴 일도 있었지만 나는 몹시 당황했다. 어설픈 솜씨에 짜증도 웃음도 실수투성이던 옛일을 지금은 부끄러움도 없이 털어놓는다.

불이 났다

앞 건물에서 불이 났다.

시뻘건 불빛이 솟아오르자 급한 남편은 우선 아이를 업고 바이올린을 챙겼다. 나는 동사무소에 볼일이 있어 갔는데, 직원 한 분이 우리 사는 집 근처에 불이 났다고 한다. 급하게 집으로 달렸다. 집에 도착하자 불은 잡혔다. 남편보고 진화되어 다행이라고 했다. 놀란 남편은 어린 아이는 업고 한 손엔 큰아이 손잡고 또 한 손에는 바이올린을 들고 있었다. 업은 아이는 엉덩이에 걸쳐 금방이라도 떨어질 것만 같다. 아이는 세상모르고 새록새록 잠들었다. 아이를 업고 바이올린을 든 채 엉거주춤 서 있는 모양새가 너무 웃겼다.

급한 마음에 먼저 업은 아이, 그리고 생계 수단인 악기가 중요했나 보다. 불에 놀란 남편의 아이 업은 그 모습은 지금도 나를 웃게 만든다.

냄비 천둥소리

　남편이 화장실 간다고 마당으로 나갔다. 멀쩡한 하늘에 웬 천둥소리지, 하늘을 쳐다보고 소낙비 오려나 남편이 혼잣말했다. 나는 양은 냄비에 알밤을 안쳐, 연탄불에 올려놓고 방으로 들어왔다. 가끔 밖에서 펑펑 소리 나는 것을 예사로 들었다. 알밤을 안쳐놓고 그만 잊어버렸다.
　갑자기 생각이나 얼른 밖으로 나와 화덕을 들여다보니, 아이고 큰일이 났네. 연탄불만 벌겋게 달아 있었다. 나는 깜짝 놀랐다. 냄비뚜껑은 간곳없이 날아갔고 알밤들은 온 데간데없다. 냄비 밑창은 불길에 녹아 보름달처럼 둥글게 뻥 뚫렸다. 남편이 알밤 튀는 진동 소리를 천둥소리로 들렸나 보다. 하마터면 불날뻔했다. 화덕이 밖이라 다행이었지, 남편 보기 민망해 헛웃음만 나왔다. 흔적 없이 사라진 알밤. 냄비는 녹아 영영 못쓰게 되었다.

다대포 해수욕장

 돌이켜보면 강산이 수십 년은 변한 것 같다. 아이들이 초등학교 여름방학 때 큰집 작은집 가족과 함께 다대포 해수욕장에 가기로 약속이 되었다. 그때는 버스 배차 시간이 길어 한참 기다리다 보면 사람이 많아 안내양 아가씨가 손님을 밀어 넣고는 버스 문 닫고 '오라이' 하면 차가 달리던 때이다. 길은 비포장도로에 짐짝처럼 사람을 많이 태웠다. 집에서 만든 음식 보따리 무겁게 들고 덜커덩거리는 콩나물시루 버스를 비지땀 흘러가며 타고 갔다.
 1960~70년대 다대포 해수욕장은 먼 시골길이라 여겼던 시절이기에 마음먹고 여행하는 기분으로 떠나야 했다. 도착 후 적당한 장소를 정해 자리를 깔고 잠시 쉬고는 점심시간이 되어 식사할 음식을 차리려는 순간 멀쩡하던 날씨가 먹구름을 몰고 오더니 갑자기 소낙비가 쏟아졌다. 급한 김에 깔아놓은 자리를 어른 넷이서 머리 위로 들어 올리고 아이들을 가운데로 몰아넣고는 비가 그칠 때까지 팔을 올린 채 벌서고 있었다.

어머니 돌아가시다

어머니는 내가 결혼하고 손자들이 중고등학교 다닐 때 보수동 주택에서 세상을 떠나셨다. 손자들을 다 키워놓고 안타깝게도 후두암으로 힘들게 보내시다 이승을 떠나셨다.

생전에는 사위가 퇴근 후 늘 약을 달여 챙겨 드시게 하고 외손녀가 옆에서 수발을 들었다. 나는 가게를 마치고 집에 들어서면 야윈 어머니를 보는 순간마다 마음이 아팠다. 평생 함께한 후덕하신 어머니는 언제나 딸을 믿어주었다.

양지바른 공원묘지 아늑한 자리에 금실 좋은 아버지와 어머니 나란히 모셨다.

이승에서 고생하신 어머니. 무거웠던 짐 훌훌 털어버리고 하늘나라에서 편안히 쉬십시오. 피란 생활의 수많은 인고의 삶을 사신 어머니…. 지금도 어머니 생각하면 가슴이 찡하여 그리움이 파도처럼 밀려올 때도 있다. 삶의 시간에 쫓기다 보니 잘 보살피지 못한 아쉬움만 남는다.

엄마의 작은딸

　병상에서 하루하루를 보내시던 날 어머니는 "내 살아서 작은딸 한 번만 보고 눈 감으면 좋겠다."라는 간절한 말씀을 여러 번 하셨다.
　그러나 어머니는 끝내 작은딸을 보지 못했다. 미국의 여동생에게 미리 연락하였지만, 비행기 예약 관계로 날짜를 맞추지 못했다.
　임종 순간까지 내내 작은딸을 부르시던 어머니는 안타깝게도 기다리고 기다리던 딸을 보지 못하고 이승과의 인연을 끊으셨다. 가슴에 한이 맺혀 착잡했다.
　입관한 다음 날 미국에서 작은딸 내외가 한국에 도착했다. 눈물로 얼룩진 작은딸 내외와 가족들은 관을 열고 마지막으로 본 어머니의 모습은 편안해 보였다.

그리운 어머니

큰딸인 나는 아버지를 보살펴야 하고 학교 다니는 동생 뒷바라지도 해야 했지. 반복되는 일과 속에 하루가 지나고 또 하루해가 졌네.

작은딸 공부 많이 시켰더니 의사 남편 만나 결혼하고 미국으로 훌쩍 날아갔네. 자매는 멀리 떨어져 외롭게 지내야 할 숙명인가 봐. 한국을 떠나던 날 허전한 마음 감추지 못하고 공항에서 어머니와 하염없이 울었던 기억. 자주 볼 수 없다는 막연한 생각에 눈물이 앞을 가렸지.

언제 온다는 기약도 없이 멀리 보내놓고 작은딸 그리워 하시던 어머니. 요행이 이삼 년에 한 번씩 작은딸 상봉의 기쁨에 가족으로 위안 삼고 근면히 사신 어머니. 외손자와 외손녀, 사위 사랑에 푹 빠져 사셨네.

내가 결혼하고도 어머니와 함께 살았네. 아낌없이 다 주고 맨몸으로 저세상 가신 어머니.

생각날 때마다 그리운 어머니….

시어머니 돌아가시다

내가 큰며느리인데도 딸만 있는 친정 사정을 아시는 시어머님께서는 한집에 두 어르신을 모시기 힘들다고 하시며 한동안 작은아들 집에 계셨다. 친정어머니 돌아가시고 몇 달 동안 허전한 마음 추스르고 한숨 돌릴 즈음, 시어머님이 큰아들 집에 오시게 되었다.

수발은 남편과 손녀가 대소변 받아내며 항상 지켜보았다. 몇 달 동안 큰아들 집에 계시다 노병으로 세상을 뜨게 되셨다. 시어머님도 친정 부모님과 같은 공원묘지 좋은 자리에 모셨다.

한동안 가족들은 섭섭한 마음을 달래기 힘들었다. 세월이 흘러 어른들께서 다 저세상으로 떠나시고 난 뒤의 집안은 썰렁하고 허전하기를 무어라 표현할 수 없었다.

몇 달 사이에 한 해 두 번 상을 치르면서 부모님 임종을 다 지켜본 셈이다. 저세상에 계신 부모님, 다시 볼 수 없어 그리움으로 남는다. 지금 돌이켜 보면 대소사를 치르며 바쁘게 달려온 내 삶에 여한은 없다.

남편의 스케이트

　남편은 겨울이면 스케이트장으로 자주 갔다. 고향에서부터 스케이트를 잘 탔다고 한다. 부산엔 스케이트장이 없어 겨울 강물이 얼기를 기다렸다가 아이들 데리고 강에서 연습시켰다. 그렇게 해서 우리 아이 셋이 다 스케이트를 탔다.
　부산 금곡동에 실외 스케이트장이 개장하면서 남편도 아이들도 스케이트장에서 편하게 탈 수 있게 되었다. 공휴일이면 아버지 따라 신나게 돌고 돌았다. 나도 한번 따라갔다가 겨우 몇 발짝 걷고는 그만 미끄러져 걷지 못할 만큼 허리가 삐끗거렸다. 그 후론 다시는 타지 않았다.
　남천동에 실내스케이트장이 새로 생겼다. 남편이 동호회를 만들고 회장으로 활동하였다. 이때는 딸이 아버지와 스케이트 타러 가곤 하였다. 남편이 여러 번 같이 가자고 해도 가게를 할 때이고 바쁘다는 핑계로 다음으로 미루다 끝내 같이 가지 못하고 세상을 뜨게 되었다. 그때 함께하지 못한 아쉬움이 지금까지 마음에 걸리고 후회로 남는다.

큰아들 짝꿍

큰아들이 초등학교 때는 어진 순둥이였다.
2학년 같은 반에는 산만한 아이가 있었단다.
수업 시간이면 그 아이와 짝꿍 한 아이는 주위가 어수선했다. 그런데 큰아이와 짝꿍이 되었다. 학교에서 집에 오면 책들이 찢어지고 아이가 성가셔하기에 며칠 후 학교로 담임선생님을 찾아갔다. 사실대로 말씀드렸더니 선생님 말씀 - 산만한 아이 어머니가 담임선생님께 우리 아이를 바른 아이가 되도록 부탁한 것이다. 선생님이 몇 번 짝꿍을 바꿔 앉히기도 했단다. 생각 끝에 큰아이와 짝을 지었다고 한다.
아이가 어질어 싸울까 봐 걱정하니 선생님이 "어머니, 큰아이가 보기와 다릅니다. 산만한 아이가 차츰 달라지고 있습니다."라고 하시며 걱정하지 말라고 하셨다. 큰아이가 공부 잘하는 모범생이라 본받으라고 선생님이 짝을 지은 것이란다.

작은아들의 호기심

작은아들이 학교 가기 전, 티브이에서 한창 황금박쥐 만화가 유행하던 시절. 보자기를 어깨에 두르고 밖에서 아이들과 놀았다. 한참 후 헐떡거리며 부엌에 들어와 물 한 컵을 들이켜고는 횡 밖으로 뛰어나갔다.

잠시 후 낯선 아저씨가 아이를 데리고 집으로 왔다. 아이는 피를 흘리며 울고 있다. 갑작스러운 일이라 놀라 물었다. 높은 데서 뛰어내리다 다쳤단다. 급한 김에 병원으로 달려가 턱밑 찢어진 데를 몇 바늘 꿰매는 일도 생겼다. 아이들이 물먹고 높은 데서 뛰면 황금박쥐처럼 날 수 있다고 뛰었단다. 어처구니없었다.

아이가 어릴 때부터 호시심 가는 것은 묻고 또 묻고 미처 대답 못 해줄 때도 있었다. "달은 왜 내가 가면 같이 가느냐."고 묻기도 했다. 이웃집 아주머니가 듣고는 "천기 박사가 될래? 왜 그리 묻노?" 했다.

작은아들의 몽돌

　대문밖에 낯선 아저씨가 손 크기만 한 몽돌을 들고 아이를 데리고 대문 앞에 섰다. 작은아이는 울어서 눈물범벅. 아저씨가 길을 가다 어린아이가 몽돌을 가지고 들지 못해서 울고 있더란다. 보다못해 안타까워 집이 어디냐고 물었다. 아저씨는 고맙게도 "들어다 줄게 집에 가자."하고 몽돌을 들고 오게 되었단다.
　작은아이가 몽돌이 마음에 들었는지 들지도 못하는 걸 끝까지 포기하지 않고 이리저리 굴리다 지쳐 울음을 터뜨렸단다. 얼마나 몽돌을 들고 걷다 땅에 놓고 들었다 놨다 하였는지 점퍼 앞자락이 다 닳았을까?
　울면서 들고 온 예쁜 몽돌. 젓갈 담을 때나 김장할 때 요긴하게 쓰였다.

남편은 바이올리니스트

 웅장한 막이 오르고 연미복 차림의 연주가들이 등장한다.
 부산시민회관에서 열리는 시립교향악단의 경쾌한 무대는 엄숙하다.
 파트별로 앉은 연주가들의 무대는 은은한 조명 아래 교향곡 음악이 흐르는 감동의 연주를 친지들과 정기연주회 때마다 관람하였다.

 〈아리아의 밤〉 타이틀로 시향과 협연하여 서정적인 가곡 독창 무대가 심금을 울렸다. 연주곡들이 무게감을 주고 조용한 분위기에 심취되어 감상했다. 성악가의 노랫소리에 귀도 호강했지. 남편의 바이올린 연주 모습을 보노라면 세련된 조각 미남. 악기도 여러 종류를 잘 다룬다.
 재주꾼 남편….

남편의 취미생활

남편은 낚시를 좋아했다. 공휴일 아침 일찍 일어나 보면 어느새 낚시터로 줄행랑….
처음에는 짜증도 나고 비린내도 싫어서 가지 말라 해도 번개처럼 사라졌다. 스릴이 있단다. 큰 감성돔을 여러 마리 잡아 오곤 했다.
낚시를 그만두고부터는 아이스스케이트 타러 공휴일만 되면 부지런히 갔다. 하루는 마음에 드는 신발을 주문했으면 하길래 그리하라고 했다. 신발이 비싸단다. 선수용이라 망설인다.
"사람 목숨이 모자라지 물건이 모자라지는 않아요."
얼른 사라고 했더니 고가품이라 보통으로 했단다. 한동안 아이들과 뻔질나게 후회 없이 다녔다. 앞일은 몰랐지만, 지금 생각하면 잘한 것 같다.
퇴임하고는 비디오 촬영에 취미 붙이더니 이젠 카메라 사진이다. 덕분에 가끔 여행하면서 사진 모델도 꽤 했다. 딸도 아버지와 여행 중 귀중한 순간들을 담았다. 앨범 여러 권을 남기기도 하였다. 남편의 흔적이 담긴 보물 같은 사진들….

무정한 사람

어느 가을날. 갑자기 떠난 당신.

무엇이 그리 급했는지 물 한 모금 드릴 여유도 주지 않은 채 사랑하는 가족들 남겨두고 영영 돌아올 수 없는 그 먼길을 떠난 사람. 아버지 급보에 아이들이 놀라 출근길 옷 입은 대로 내려와 장례를 치렀지요. 아이들 다 안전하게 자리 잡고 있으니 마음 놓으셨는지요. 당부의 말 한마디도 남기지 못하고, 그동안 자식 키우고 가르치느라 애썼는데 좀 더 계시다 좋은 세상 누리고 가시지….

당신 계실 때는 집안이 든든하고 어려운 일 닥쳐도 척척 해결사였지. 당신 안 계신 빈자리는 허전하네요. 무정한 사람

어릴 때 본 손자, 당신 가시고 손녀도 생겨 다 컸어요. 좋은 일이나 나쁜 일 생길 때는 더욱 생각나 함께라면 얼마나 좋을까 합니다. 아이들한테 당신 몫까지 제가 다 누리고 있어요. 미안하게도…. 우리집 귀한 딸 엄마를 챙기며 서로 외롭지 않게 지내고 있어요

가족들이 무사히 지내니 안심하시고 천상에서 편히 쉬세요.

벗이 된 딸

딸은 학교 다닐 때 공부 잘하고 그림도 잘 그렸다. 필체도 좋고 인정스럽다. 집안의 소소한 기계는 설명서만 있으면 웬만한 건 뚝딱, 해결한다.

생김새도 손재주도 아버지를 똑 닮았다. 엄마는 기계치인데 딸은 잘도 만진다.

보육학과를 졸업하고 보육교사와 사회복지사 일하다 이젠 엄마를 위해 살림하며 취미생활을 하고 있다.

4대 만에 얻은 딸, 엄마의 든든한 친구.

만학도의 길

아이들 다 키워놓고 만학의 길도 걸었다.

대학 입학식 날 너무 감격스러웠다. 직접 주인공이 되어 입학생 자리에 앉아있다는 사실 자체가 얼마나 갈망하던 순간이었는지…. 그 기분은 지금도 잊을 수 없다. 강의실 찾아다니며 놓치지 않고 만학도의 길을 걸었다. 학우들과 아름다운 교정에서 낭만의 추억도 쌓으면서 즐겁게 대학 시절을 보람있게 보낸 셈이다.

가정형편이 어려워 학업을 계속할 수 없었던 전쟁의 피해자가 된 가슴의 응어리도 풀었다. 지금은 내가 하고 싶은 일을 하면서 안정된 노년의 삶을 보내고 있으니 그저 고맙기만 하다.

졸업 여행

오월 화창한 날, 중국 장가계로 졸업 여행을 떠났다. 학우들과 신비의 무릉도원 인공호수 보봉호를 찾았다. 계단을 올려다보니 급경사 만만치 않다. 아무리 쳐다봐도 걸을 자신이 없었다. 가마를 탔다. 굽이굽이마다 묘한 봉우리 자연의 거대한 매력에 홀딱 빠졌다. 풍광은 좋았지만, 헤아릴 수 없이 많은 계단을 오른다. 급경사에서는 흔들흔들 떨어질 것만 같다. 내리막을 어떻게 내려갈까? 순간, 가마를 멘 채 삥 돌더니 자리를 바꾸어 계단을 내달린다. 앞으로 다 쏟아부을 것만 같아 손에 땀이 다 났다. 아슬아슬한 순간을 무사히 도착했다.

이왕 온 김에 천문산 쇼를 안 보면 후회하니 보고 가는 게 좋겠다는 의견. 한적한 깊은 협곡에 산 전체가 무대였다. 삼천 석이나 되는 노천 돌 계단식 의자에 빽빽이 앉아 웅장한 합창단의 조화로운 화음 무대와 골짝마다 화려한 조명 아래 주인공이 등장하는 숨은 무대를 감명 깊게 감상했다. 무어라 형언할 수 없는 미지의 세계였다.

여동생 학위수여식

 작은딸 타국으로 보내 놓고 부모님은 걱정을 많이 하셨다. 하지만 열심히 일하는 한국인이 미국 사람 못지않은 능숙한 언어로 주변 사람들에게 인정받는 여동생이 대단하다는 생각이 들었다. 늘 용기를 잃지 않고 샘솟는 열정으로 최종학력 과정까지 마친 동생이 자랑스러웠다. 미국에서 간호학 박사학위를 취득할 때 언니는 그 장엄한 학위 수여식장에서 가슴 뭉클함을 잊을 수가 없었단다. 대견스럽고 자랑스럽기도 하고 언니가 못다 한 학업에 대한 미련을 대신 채워줘서 고마웠다.
 동생도 공부하느라 애썼지만, 뒤에서 묵묵히 후원을 아끼지 않은 제부도 대단하였다. 인술仁術의 길을 걸어온 부부, 늙는 것이 아까워 가는 세월을 붙잡고 싶다.
 피란 시절 아픔이 지금은 옛이야기가 되었지. 잘 성장해서 목적을 달성했다. 이것이 꾸준히 노력한 결실의 대가라고 여긴다. 부모님도 저세상에서 흐뭇한 표정으로 지켜보시겠지….

뿌리 내린 보수동

 국제시장은 부산의 중심지에 있는 자갈치시장. 부평동 깡통시장과 함께 부산의 대표적인 명물 시장이다. 시장이 가깝다 보니 자연스럽게 가게를 열고 나름대로 바쁘게 뛰었다. 통금시간이 있어도 집이 가까워 조급함 없이 볼일도 느긋하게 볼 수 있는 장점도 있었다.
 오랫동안 살다 보니 세월 따라 차츰 바뀌는 주위 환경도 눈여겨보게 되고 더욱 살기 좋아지는 변화에 보수동을 떠나기 싫었다. 옛날 기와집을 허물고 이층 양옥집으로 신축하였다.
 롯데백화점 광복점이 있는 덕분에 쇼핑의 즐거움도 한층 더 높이 안겨준다. 내 인생의 대부분을 뿌리박아 온 이곳 보수동이 살기 좋은 곳으로 내 마지막 고향 같은 편안함을 느낀다.
 웬만한 데는 차를 타지 않고도 얼마든지 볼일을 해결할 수 있는 곳이다 보니 평생을 살게 되었다.

또순이 친구

　보수동으로 이사할 당시에는 집집이 연탄을 땔 때이다. 우리 동네는 가파른 골목길이라 연탄배달이 되지 않을 때가 있었다. 소식을 듣고 친구가 자기 동네 지인의 연탄집을 통해 연탄을 싣고 집으로 온다고 했다. 친구는 보수 2동, 나는 보수 1동에서 살았다.
　온다는 연락을 받고 미리 나가 기다리고 있었다. 친구는 나를 위해 연탄을 끌 수 있을 만큼 손수레에 싣고 저만치 혼자 끌고 오는 거 보고 깜짝 놀라 급하게 뛰어갔다. 가까운 거리도 아닌데, 친구는 앞에서 끌고 나는 뒤에서 밀고 집으로 왔던 생각이 어렴풋이 기억난다. 한창 젊은 나이라 힘든 것은 뒷전이고 부끄러움도 없이 참 용기도 대단한 친구.
　또순이의 기질을 그대로 보여준 고향 친구 덕분에 따뜻하게 지냈다.

공부 농사

내가 전쟁을 겪다 보니 아이들이 혹시라도 학업에 지장이 생길까 봐 아이들 앉혀놓고 한 말이 있다.

"재산은 물려줄 것이 없고 공부는 너희들이 원하는 데까지 어떻게 해서라도 가르칠 테니, 부모가 건강하게 활동하고 있을 때 계속 공부하여 학업을 마친 후 군대 가면 좋겠다."

아이들이 그러겠단다. 큰아들은 공중보건의로 군대 갔고 작은아들은 대학원 석사를 마치고 박사과정 시험만 쳐놓고 군대 갔다. "혹시라도 합격자 통보가 오면 등록이나 해주세요."하고 훈련에 들어갔다. 훈련병 중에 제일 나이 많아 영감님이라는 존칭이 붙었단다.

의학박사 큰아들은 의학전문대학원 교수로 재직 중이다. 공학박사 작은아들은 공대 교수로 재직하고 있다. 딸도 대학교 졸업하였다. 미국에서 사는 여동생도 미국에 대학과 대학원 석사를 마치고 간호학 박사학위를 취득하였다. 종합병원에서 근무하다 정년 퇴임하고 노후를 보낸다.

박수근 미술관

춘천에서 큰아들과 점심 후 드라이브 삼아 강원도 양구에 있는 박수근 미술관을 구경하게 되었다. 시골길에 듬성듬성 앉은 집들과 맑은 하늘엔 흰 구름이 어우러져 한 폭의 산수화를 연상케 하는 장면들이다.

차창 밖 풍경을 감상하며 도착한 아늑한 곳에 널찍이 자리 잡은 미술관은 여러 군데 띄엄띄엄 전시실이 있었다. 그림들은 대부분 부인을 모델로 그렸고 서민들의 삶을 그린 작품들이 전시되었다. 볼거리 많은데 오후 늦게 도착하여 전시관 한 군데만 본 것이 좀 아쉬웠다. 기념품 가게에서 이것저것 구경하다 아이들이 기념으로 마음에 드는 것을 선택하라고 하기에 나는 화가의 그림이 그려진 문진과 나무필통으로 정하였다. 강원도를 드라이브하면서 도시보다 조용하고 신선한 공기에 자연의 풍성함을 다시 한번 느꼈다.

손주들

큰아들은 무던한 며느리와 결혼하고 1남 1녀를 두었다.

손자는 대학생이고 특히 야구를 좋아한다. 야구에 대해서는 꿰뚫고 있다. 말을 조리 있게 하고 문장력도 좋은 편이다. 영어와 중국어에도 능통하다. 평창동계올림픽 때 봉사활동도 하였다.

손녀는 고등학생이고 공부도 열심히 하는 예쁜 착한 딸이다.

가족이 건강하고 무난하게 잘 지낸다. 손주들이 공부하느라 자주 보기 힘들다.

휴대전화와 택시기사

휴대전화가 갓 나왔을 무렵이다. 가게를 마치고 대청동 사거리에서 택시를 타고 보수동 집으로 왔다. 다음 날 아침에 핸드폰을 찾으니 없다. 남편이 알면 잘 챙기지 않았다고 할까 봐 아침 일찍 가게로 나갔다. 이리저리 찾아봐도 보이지 않는다. 여름이라 얇은 바지 주머니에 넣은 게 택시에서 빠진 것 같다. 택시 번호도 사람도 모르니 찾을 길이 없어 걱정되었다.

걸어서 집에까지 십 분 거리이지만 온종일 손님을 대하다 보니 다리도 아프고 피곤했다. 다음날 대청동 사거리에서 택시를 타려고 보니 택시 두 대가 나란히 있길래 아무거나 탔다. 집 근처에 도착하자 운전기사가 혹시 어제 휴대전화기 잃어버린 분 맞냐고 묻는다. 어찌 이런 일이 있을까? 하고 많은 택시 중에 요행스럽게도 또 타다니. 고맙기도 해서 식사나 하라고 얼마를 드렸던 기억이 난다. 남편은 전혀 모르는 일. 세상살이 참 묘한 우연이다.

문학 입문

문학에 뜻을 두고 있던 차 강서문화원 문학반에서 시조 시인. 수필가인 서태수 선생님을 만나게 되었다. 문우님들은 황혼의 나이에도 문학에 대한 의욕으로 가득 차 있었다. 선생님의 강의를 꾸준히 경청하여 익히면서 문학에 입문하게 되었다. 노련하신 강의는 놓칠 수 없는 선생님의 강의였다.

여러 문우님께서 변함없는 노력의 대가로 소중한 작품집을 출판하는 기쁨의 순간을 종종 맞이하게 되었다. 나도 책을 엮었다. 화목한 분위기 속에 설레는 마음 안고 문학 기행으로 글도 남기는 뿌듯한 마음들이다. 문화 행사나 모임 때마다 화합이 순조롭게 진행된다.

십여 년 동안 함께한 인연이다.

정든 문우님들의 덕분으로 이 자리까지 오게 되어 늘 감사하는 마음이다.

대만 문학 기행

 가을 무렵, 문학회원님들과 대만으로 문학 기행을 떠났다.
 국립 고궁박물관에는 국보급 옥으로 된 유물들이 많이 소장되어 있었다. 특히 옥으로 조각한 배추작품이 시선을 끌었다. 101층 빌딩 전망대 경치를 감상하고 도자기 전시작품들의 다양한 모양을 구경 후. 저녁 식사는 오각선반 레스토랑에서 회원님과 같이한 시간은 추억으로 남는다. 색다른 장식 분위기에 푹 빠져 눈돌리기에도 바빴다. 가우디의 예술작품처럼 독특한 건물과 실내장식이었다.
 치싱탄 해변 회색빛 자갈들의 철썩이는 파도의 메아리는 해변의 정취를 더했다. 지우펀 야류 해양공원에서는 기암괴석의 요상스러운 버섯 모양의 바위와 어우러진 바다의 전망을 감상하며 촉촉이 내리는 비를 맞으며 돌아보는 운치도 있었다.
 하루 관광을 마치고 문우들과 다과를 나누며 서로 간의 소감을 듣는 시간도 즐거웠다.

외양포 일본군 요새

　단풍이 아름답게 물들 즈음, 강서 문인협회 회원님들과 가덕도 외양포 포진지와 대항 인공동굴 등 역사가 담긴 흔적을 살펴보기로 했다. 가는 도중 강서의 유례에 대하여 해설사의 유적에 관한 해설도 있었다. 강서에는 칠점산이 공항개발로 나가고 현재 하나만 남았다고 한다. 명지동 소금밭, 녹산동 고려청자 요지, 문화재 등 여러 가지 유적에 관하여 해설사의 유창한 화술에 지루할 틈도 없이 웃음을 주었다.
　가덕도 외양포는 외딴 마을이다. 일본군들의 요새지로 점령하고 선량한 주민들을 몰아낸 당시의 참상을 말해주고 있었다. 한 세기가 넘은 지금까지 포진지와 탄약고, 화장실 등 숲속에 묻힌 채 일본군들의 만행 흔적이 외양포에 그대로 남아있다. 적산가옥 주민들이 백 년 삶의 터전을 일구고 살아도 내 땅 없이 사는 가슴 아픈 현실이다. 이젠 젊음은 사라지고 허허 백발이 된 외양포 사람들의 내 땅 소망이 하루속히 이루어졌으면 하는 바람이다.

대항 인공동굴

대항 마을 인공동굴이다. 확 트인 하늘빛 옥색 바다와 해안 산책로 전망도 매우 좋다.

일본군이 방어를 위해 해안절벽에 동굴을 만들고 입구에는 커다란 야포가 높다랗게 설치되어 있었다. 일본군이 양쪽으로 보초를 서 있는 모형을 보는 순간 섬뜩하였다.

태평양 전쟁 말기까지 일본군이 41년간 군사 요새를 만들고 주둔한 곳이라고 한다. 푸른 바다를 끼고 안전한 위치에 여러 개의 동굴을 일본이 조선인을 강제노역으로 파놓고 우리나라를 평생 점령하고자 한 만행에 분노가 치밀었다.

부모 형제 보고 싶어도 꾹꾹 참고 피땀 흘려가며 곡괭이질로 바위를 찍어내었을 것이다. 배고픔에 허덕이며 지친 몸으로 동굴을 뚫었다. 얼마나 힘들었을까.

부모님 생각

　6·25전쟁으로 인해 맨몸으로 험난한 세파를 헤쳐 가난한 환경에서 한 많은 삶을 사신 부모님! 부모님 세대가 피땀 흘려 일궈내신 덕분에 후손들이 뿌리내리고 편히 살 수 있는 좋은 세상을 만드셨습니다.
　아버지는 4형제 중 셋째라고 합니다. 형제 중 머리가 제일 좋아 한학 공부를 많이 하시고 할아버지께서 족보도 아버지에게 맡기셨습니다. 외할아버지는 한의사였습니다. 어려서 외갓집 마당에서 놀다 손가락을 벌에 쏘인 기억도 납니다. 흥남 우리집에 오실 때는 하얀 두루마기에 갓을 쓰고 오셨습니다. 나와 같이 잘 놀아주시던 외할아버지 생각이 납니다.
　1·4후퇴로 모든 것 다 버리고 피란살이 열악한 생활에서 온갖 고생하신 부모님! 전쟁의 소용돌이 속에서 좋은 세상 누리지도 못하고 떠나신 부모님···. 여식이 팔순이 되어도 부모님 생각이 납니다.
　부모님 덕분에 저희는 다 잘 지내고 있습니다.

제5부
닻을 내린 낙동강

변옥산 이야기시집

닻을 내린 낙동강

 긴 생애 흘러오다 낙동강 강둑에 문학의 닻을 내렸습니다.
 흐르는 강물 따라 창공엔 철새들의 무리가 힘차게 비상합니다. 오가는 사람들의 무수한 발자국이 활기차게 보입니다. 강서에는 아름다운 정서가 담겨 있는 곳입니다. 시인. 수필가 문인이 많고 문학창작 열의가 대단합니다.
 문학의 밭을 만들어 씨앗을 뿌리신 문학 평론가인 서태수 선생님의 열정으로 문학의 새싹이 돋고 자라는 과정을 거치면서 문우님들과 서로를 알아가며 정든 곳입니다. 편안한 분위기 속에서 함께하는 보람도 느끼며 서로 나눌 수 있는 훈훈한 향기가 있습니다.
 돌이켜 보면 잊을 수 없는 꿈길입니다. 세월 가는 게 아쉬워 상념에 갇히는 때도 가끔은 있지만, 노년이어도 혼자서 글 쓰는 순간은 지루하지도 외롭지 않고 자신도 모르게 조금씩 채워가는 즐거움도 있습니다.
 문학이 싹트도록 지도를 아끼지 않으신 선생님과 따뜻한 회원님들을 만난 인연에 감사드립니다.

물빛 그리움

굽이굽이 흘러
낙동강 상큼한 바람 맞으려
변함없는 강줄기 따라왔네

그 낯설던 낙동강
강변 사랑하는 꽃들과
정든 물빛 그리움

내 영혼을 담아 둔 강자락에
다시 피어나는 꿈
오래도록 함께 꽃피우리

봄비

얼었던 낙동강 물이 풀리고
강둑엔 아지랑이도 피어납니다

자연의 순리에 따라 계절을 알리느라
정겨운 봄비가 촉촉이 적셔줍니다

봄을 기다리는 마음에 창을 열고
숨 막히던 시간도 털어냅니다

꿈틀거리는 들판에 개구리 환청
초목들 봄비에 날개를 답니다

산과 들
새봄을 꽃피웁니다

외양포

산길 돌아 외진 마을
먼바다 바라보며
시름을 달랬지

손발이 다 닳도록
방울땀 흘린 세월
가진 건 부서진 몸뚱이

백 년 삶의 터전을
일구고 살았어도
내 집 내 땅 없는 설움

꿈 많던 젊음 사라지고
어느새 백발노년 된
외양포 사람들

서낙동강에서

시원히 트인 넓은 강
혼탁한 물속
세파에 흠집 남겨도
묵묵히 흐르는
황토색 긴 강줄기

굽이마다 삶의 터전
철새도래지 낙원
산과 들을 가르며 힘차게
달려온 서낙동강

고단한 삶의 언저리
온기로 품어준 정서
아름답고 귀중한
숨 쉬는 넉넉한 강

봄

겨우내 움츠렸던 가지에
새순이 돋는다

화사한 모습 보이려고
고이 간직한 순정

가슴 속 몽우리 터지면
오가는 사람들 눈길 머문다

살포시 미소 지으며 빛을 유혹할 때쯤
귀에 들릴 듯한 심장 박동 소리

활짝 기지개를 켜는 꽃잎 꽃잎
동그랗게 어울려 한 송이 봄이 핀다

여명

기쁨과 감격의 순간
구름 속으로 사라진
별들의 보금자리
꽃구름이 파도를 탄다

어둠의 장막을 뚫고
산등성이 붉게 달아오른
숨 막히는 감동의 순간
밝아오는 진홍빛

자연의 오묘함
충만한 희망의 빛
낙동강의 아침은
홍연紅煙 자욱하다

봄꽃

봄이 오면
너를 마주할 기쁨에
가슴 먼저 설레지

해마다 피는 꽃
아련한 여운에 잠겨
눈 지긋 감은 한나절

여린 네 꽃잎에
곱게 물든 그리움
해마다 보고픈 사람

가슴 촉촉이
안개비 내리는데
너는 아무 말이 없네

석양

붉게 젖어든 낙동강 너머
산과 들 나뭇가지 사이로
낙조의 화려한 빛이 스민다

삶에 엉킨 인생사 속시원히
비워가는 지혜로운 생명의 강
무지갯빛 다채롭게 번진다

갯벌엔 철새들의 먹이 사냥
즐겁게 뛰노는 노랫소리
소슬바람 다가와 불꽃을 피운다

노을 한 자락 곱게 받아
구름은 만물을 보듬고 흘러
정처 없이 배회하고

붉은 기운 가득한 서녘 하늘
화사하게 피어난 낙동강 물결
온 세상이 눈부시도록 출렁거린다

강물 사계절

봄이면 강물은 꿈 실어 달리고
사람들은 새로운 마음의 문을 연다
만물이 소생하는 아름다운 계절
화사한 노을빛 강물 위에 펼치고
유유히 흐른다

녹음이 짙게 번진 여름
시원히 가슴을 쓰다듬는
강물은 요술쟁이
타오른 노을과 어우러져
푸른 산마루에 불꽃을 두른다

변함없이 흐르는 강물은 젖줄 되어
새들의 안식처 낙원으로
삶 속에 생명력을 이어간다
물든 잎 사이로 뿜어낸 저녁노을
강물에 어리어 무지갯빛 황홀하다

매서운 찬바람 강물이 얼면
활기찬 아이들 빙판놀이
오가는 발걸음들의 시선을 사로잡는다
가지마다 매달린 하얀 눈꽃
노을 곱게 받아 강물도 은빛으로 빛난다

계절 따라 형형색색 환상의 무대
노을빛에 어린 강물은 꿈과 희망이어라

유리창

하늘 맑고 산빛 싱그러운 초여름
유리창에 둘러싸인 〈소망의 집〉 정원에서
시 낭송과 백일장이 열렸다.

화사한 꽃과 나무들이
한마음으로 반가이 맞이하고
시원한 바람이 가슴 가득 채운다

초원에 묻힌 정자에 앉아
시상을 떠올리는 회원님들
저마다 색다른 글감을 끌어낸다

유리창 안에 몸이 불편하신 어르신들
호기심에 찬 눈빛으로 창밖을 내다본다
순한 양의 모습 아기천사

아름다운 시상 가득한 이 정원에서
부디 향기 나는 시詩와 더불어 쾌차하시어
유리창 밖으로 나오시길…

고독의 침묵

산과 들이 빨갛게 물오른 단풍
가을은 점점 깊어만 가고
심술궂은 강바람에 울며 떨어진 낙엽
우리 인생도 낙엽처럼 시들어가건만
지친 몸 추스르며 아쉬움을 토한다.
쓸쓸한 강 언저리 수북이 내려앉은 낙홍
만나고 스쳐 지나간 인연이라도
지난날이 그리워 회상에 잠기던 날
고즈넉한 찻집에서 옛 기억을 떠올리며
찻잔에 아롱거리는 그리움에
고독의 침묵이 흐른다

인생사

어딘지도 모르던 낯선 땅
험난한 피란길 숨차게 달려왔네
뿌리 내려 정든 고향 된 지도
어언 칠십 년이 넘었다
고향 잃은 서러움
무서운 전쟁의 풍란
암울하던 내 어린 시절
아이는 자라 일찍 철들었지
세파에 흔들리지 않고
의지대로 산 삶
포근하던 햇살 너머
빗줄기 사나울 때도 있었지
때로는 훈풍에
반짝일 때도 있었네
가슴 나눌 가족들 있음에
늘 감사하고 살았지
가을하늘에 비춰본 내 모습
굽이굽이 강물 따라온 길
주름진 삶에 훈장

손 마디마디 성난 관절
머리엔 하얀 서리 내렸네
두리뭉실 살아온 인생

남망산 조각공원

푸른 잎 우거진 유월
산빛 풍경이 가슴 설레고
풀들의 향기 코끝에 스친다

휘어진 오솔길 따라 올라본 남망산
저만치 통영 시가지 앞에 펼쳐진
잔잔한 바다, 오밀조밀 떠 있는 섬들

인간의 고귀한 염원을 담아낸 조각미술품
통영이 낳은 초정 선생의 시조 작품들
손톱에 꽃물 들이던 옛 추억이 새롭다

구름 걷힌 사이로 햇살 가득
스치는 바람은 젖은 땀을 식혀주고
가는 곳마다 사람들의 발자취

강서문학 정든 문우文友들과 같이한 자리
삶을 즐기는 환한 얼굴들
발길 닿는 길목마다 웃음꽃 활짝 피웠다

인연

하늘빛 맑고 푸르른 날
강줄기 따라 먼길 달려온 인연들
풋풋한 향기로 마주한
강물 같은 사연 정겹다

코로나 19로 두문불출하던 시간
사계절 보낸 후에야 상면
속 시원히 주고받는 담소
그리움이 묻어난다

샘물 솟아나듯 활기찬 눈빛
봄날 같은 따스한 인정
서정으로 물든 세월의 무게
강물처럼 정다운 인연

낙엽 인생

늦가을 나뭇잎 빨간 단풍 곱게 물들었다
화려하던 잎들은 제 몫을 다한 뒤
우수수 떨어져 숨 쉬는 땅에
자양분 공급하고 깊은 잠속에 들겠지

나무 아래 다소곳이 앉아보면
지난날의 하고많은 추억은
조각조각 매달린 나뭇잎
저 잎들 땅에 떨어지듯
세월 따라 물빛 따라
붉게 피고 지는
우리네
삶

여름과 가을 사이

하늘엔 작열하는 태양
눈 뭉치로 떠 있는 자유로운 구름
땅 위를 수놓은 푸른 초원
낙동강은 유유히 흐른다

뜨끈, 화끈, 늦여름 낮의 열기
눈부신 햇살에 검게 탄 피부
유연한 초목들의 포용
산은 온통 파랗게 눈빛 시원하다

하늘하늘 춤추는 코스모스
잠자리들의 즐거운 유희
우거진 나무들 병풍으로 서서
시퍼런 강에 그림자 드리운다

잔디 벌판에 스치는 시원한 바람
낙동강 언덕의 여름과 가을 사이
풀냄새 가득 담은 높고 파란 하늘
자연이 준 경이로운 위대함이다

어느 멋진 날

차창 밖 눈부신 햇살
푸른 잎 누렇게 익어
사방으로 물든 화려한 산
포근히 아름답게 다가와
일렁이는 황혼의 그림자
온통 금빛으로 번진 낙동강

길목에 소복소복 쌓인 낙엽
그리운 추억의 발자국
지나온 행로 되돌아보면
환호성 메아리 굽잇길
오늘 하루 멋진 드라이브
닫혔던 가슴이 강물처럼 확 트인다

천성진성에서

촉촉이 비 내리는 날
가덕도 천성진성
너울진 바다를 감시하던
풀 속에 묻힌 작은 성
민족의 얼이 담긴
가덕도 군사요충지

나라와 백성을 위한 일념으로
바닷길 지휘하던 눈빛
후세에 길이 남긴
이순신 장군의 발자취
연전연승의 역사를 새긴
비에 젖은 전적비

위대한 자연

희망의 붉은 해가 솟는 아침
가슴 활짝 펴고 푸른 하늘 우러르면
고요해진 마음 자연으로부터
위로받는 느낌은 삶의 기쁨이다

산은 온통 녹색정원
강물 위에 곱게 핀 꽃구름
아름다운 풍경과 자유로이 사색에
잠기는 순간은 무한한 축복이다

푸르고 기쁨 넘치는 낙동강
안락한 자연 속에 묻힌 감동
따뜻한 꿈길로 만물을 보듬어준
자연은 소중하고 위대하다

충만한 낙동강

한없이 트인 청청한 낙동강
무한한 강물은 선물의 보고寶庫
인간은 주지 않아도
날마다 풍족하게 내어줍니다

세파에 시달린 육신 새벽잠 털고
삶의 터전에서 일과를 열어가노라면
강물속에 생존과 번식으로 서로
자생하며 조화를 이룬 무궁무진한 강

자연이 준 풍성한 먹거리의 천국
미래를 지향하며 삶을 영위하고
허공엔 물새들 자유로운 행로
강물 소리 귓가에 충만한 낙동강

정동진 기행

일렁이는 푸른 물결
하얀 포말로 번지고
맑은 빛으로 물든
창공엔
갈매기들의 비행

땅 위엔
오가는 나그네 발길
강서 문인들과 만끽한 하루
환한 표정 담아 온갖 포즈로
젊은날을 회상한다

코끝에 스미는 바다 내음
은모래 반짝이는
무수한 사랑 발자국
쉼 없이 다가온
설레임 가득한 물빛

환상의 동해바다
정동진

신축년 소망

밝은 태양이 솟는 아침
세상은 고요 속에
꿈틀거리며 소 한 마리
잠에서 깨어난다

발걸음 재촉하는 찬바람
구름은 한가로이 유랑
옥빛 머금은 강자락
햇볕은 눈 시리다

재액이 몰고 온 불운
소의 두 뿔로 밀쳐내고
새해 건강한 기운 활활
모두 평온 속에 행복하시기를…

꿈에라도

약속 없이 떠난 사람
남기고 간 숱한 흔적
점점 희미해져 간
세월 속 그림자만 보일 뿐
말이 없는 시간은 강물 따라
쉬지 않고 달려가건만

빛바랜 소식
강바람에 실어 전해 올까
한줄기 작은 소망
가슴에 묻어 둔 채
허공에 그려본다
그리운 마음 꿈에라도…

제6부
낙동강의 시심

변옥산 이야기시집

낙동강 물길

  자연의 소리가 들리는 낙동강 벚꽃길은 시화와 벚꽃축제로 낭만이 가득합니다.
  매년 축제 행사 때마다 강서문협 회원님들도 참여하여 시 낭송과 함께 봉사 정신을 발휘합니다. 맑은 햇살 아래 화려한 꽃길과 함께하는 풍성한 자연과 호흡하며 즐거운 마음으로 발맞추어 갑니다. 벚꽃이 눈꽃처럼 하얗게 터널을 이룬 강둑 거리는 문화의 장이 펼쳐지는 아름다운 한마당 축제가 관광객들로 성황을 이룹니다.
  꽃향기로 가득 채운 강둑에서 추억을 만들고 그리움도 쌓아온 세월은 빨리도 지나갑니다. 젊음을 불사르고 자연과 공존하는 노을 진 인생길이지만, 삶의 고락도 후회 없이 강물과 함께 흘려보내고 글과 벗 삼아 창작에 심혈을 쏟다 보면 회원님들의 글꽃들이 주렁주렁 피어납니다.
  생동감이 넘쳐나는 낙동강 맑은 자연과 어우러져 건강한 노년의 활기찬 모습들이 환희의 빛으로 번집니다.

강물은 흘러간다

구름 벗 삼아
굽이져 달리는 낙동강
강바람에 낙엽 진 들녘
온기로 품어준 햇살
바람 헤치는 철새들의 비상
강물은 생존의 안식처이다

우주 만물 유람하는
하얀 새털구름
심술궂은 비바람도
강둑은 철통 방어
침묵만 남긴 안온한 낙동강
대해를 향해 쉼 없이 흘러간다

낙동강 시화 거리

아름다운 꽃향기에 젖은 봄
하이얀 벚꽃이 하늘을 덮은 강둑

긴 벚꽃길에 꼿꼿이 선 팻말들
정서 담은 글 사계절이 피어난다

시와 어우러진 벚꽃 한마당
길을 메운 상춘객들 발길 머문다

서정 속에 물든 벚꽃축제
시심으로 가득 채운 강둑시화전

오가는 발자국마다 삶의 조각들
낙동강 물결 따라 출렁인다

봄의 여왕

하늘을 덮은 꽃들의 향연
오가는 이들의 눈길이 모여
낙동제방 벚꽃길로 어우러진다

온통 하얀 세상 목련도 빛을 보태
순결하고 선량한 꿈에 젖어
향기에 곱게 취해 본다

잃어버린 줄 알았던 젊음도
눈부신 아름다움에 묻혀
설레는 가슴 깊이 봄빛 그윽하다

빛바랜 추억이 살아나는 오늘
만개한 터널 사이로
구름 같은 환한 빛이 현란하다

상큼한 봄바람에 살랑살랑
흔들리는 내 마음의 꽃송이
몽글몽글 탐스런 봄의 여왕 벚꽃

봄소식

훈훈한 바람이 살갗을 스치면
흙의 지혜로 돋아난 새싹들
나뭇가지에 맺힌 어린 잎새
봄을 맞은 생명의 소리 강물에 번진다

바람이 살그머니 다가와
포근한 길을 내어주고
햇님은 두터운 외투를 벗겨
만물을 온기로 보듬어 준다

배시시 내민 앙증스런 얼굴들
귀여운 날갯짓으로 조잘대는
여린 잎들의 연둣빛 하모니
낙동강은 봄의 향연으로 그윽하다

코로나 19

창문을 여니 벚꽃이 하얗게 터졌다
세상은 어수선해도 계절은
때를 알고 어김없이 찾아온다
방에만 있다 보니 시절을 몰랐는데
세상은 사방이 꽃으로 변했다

보이지 않는 코로나 19가
전 세계를 뒤흔들고 있다
TV 뉴스에 신경이 곤두선다
의료진들은 방역복을 입고
밤낮을 가리지 않는다

가족도 경계해야 하는 불안한 현실
무서운 코로나에 꼼짝 못 하고
공포 속에 떨고 있다
시간은 하루가 지나고 또 이틀, 사흘
지금은 창살 없는 감옥이다

마음 놓고 거닐던 강둑 벚꽃길
시원한 바람과 햇빛도 귀한 선물인 것을
마음껏 누리던 때가 다 고마움이었다
심란한 시국, 코로나 하루빨리 종식되어
우리 모두 따뜻한 일상이 계속되었으면

낙동강 봄꽃

한결같은 낙동강 제방
가지마다 매달린 애송이들
봄빛 받아 방긋 얼굴 내미네

귀여운 아기 꽃망울
몽실몽실한 목련
고와서 소담스럽네

벚꽃의 차림새도
눈처럼 화사한 표정들
볼수록 맑은 미소 정겹네

봄바람 사연 담아
강물에 띄워 놓고
스치는 바람 옷자락 나부끼네

꽃향기 강바람 타고
산을 넘고 흰 구름 벗 삼으니
낙동강 함께 인생을 노래하네

새벽 운해

먼동이 틀 무렵
저 멀리 산인 듯 구름인 듯
시커먼 바위 길게 누웠다

세상은 아직
고요 속에 잠든 시간
우뚝 선 건물들에 무섬증이 스민다

오묘한 시간
밤도 아닌 낮도 아닌
꿈도 아닌 생시도 아닌

점점 희미해진 바위산
햇살 사이 새떼들의 비상
잔잔한 낙동강 푸른 뱃길 열린다

강가에서

햇살 품은 안온한 낙동강
강 내음 코끝에 스민다
찰랑이는 은빛 물결
눈꽃처럼 피어난 윤슬

인생사 달래주는 광명한
햇빛과 시원한 바람
기쁨도 슬픔도 어우러진
잔잔히 이는 푸른 물빛

구름 뚫고 내민 얼굴
눈부신 밝은 햇살 아래
넓디넓은 가슴으로 넉넉히
세상만사 다 품어주는 낙동강

경쟁 속에서

구름 한 점 없는 하늘은
낙동강만큼 넓고 광활하다

하늘엔 해와 달이 희망의 빛을 전하고
넉넉한 강물은 고단한 심신 달래준다

바쁜 일상의 길을 묵묵히 걸으며
땅 위에 부대끼며 사는 사람들

서로 어우러져 근면히 살면서
때로는 협력하고 때로는 경쟁하고

오늘보다 더 나은 내일의 풍요를 위해
등줄기 휘도록 밤낮 뛰고 달린다

벚꽃길

하늘빛 고운 쾌청한 봄
노란 유채꽃밭 느긋이 내려다본
삼십 리 아련한 터널 꽃길
하얀 옷차림 만개한 벚꽃의 향연

정성 담긴 노고의 꽃길
자리매김한 낙동강변 시화전
금수현 선생 그네 노래비
다채로운 문화의 광장 벚꽃길

시의 향기 품은 팻말들
알알이 새겨 넣은 서정
사계절 글 꽃도 새록새록 피어나리니
마음과 시가 동행하는 꽃길 되소서

유채꽃 향기

유채꽃 향기 그윽한
사월의 문이 활짝 열리자
따스한 봄 햇살에 이끌려온 사람들
상상의 날개를 화사하게 펼친다.

아득한 초록 벌판
노오란 시심에 젖은
유채꽃 여린 몸짓이
산들바람을 불러 모은다

조각구름도 발끝 담그고 앉은 강자락
문학반 야외학습은
유채꽃보다 더 싱그러운 서정으로
한 폭의 수채화를 그린다

강변 벚꽃길

송이송이 여문 만삭의 몸
모진 겨울 참고 피워낸 벚꽃 터널
봄이 오길 기다리던 세월
바람의 향기 맑고 정결하다

풍성한 강둑 쓸쓸하기 그지없다
초대하지 않은 재난의 공포
코로나 19의 습격 소문 퍼뜨려
사람의 발길 집 안에만 맴돈다

만개한 벚꽃들 외로이 웃고 있다
유채꽃도 한창 뽐내다 지쳤겠지
하늘은 새파랗게 근심 띤 표정
구름은 냉정하게 스쳐만 간다

꽃잎 진자리 새로 돋아난 잎새
솔솔 불어오는 정겨운 봄바람
사람 물결 일렁이던 생각에
오월의 나뭇잎은 녹음으로 짙어간다

봄 향기

바람 부는 강 언덕
풀밭에 앉아
강바람 등지고 엉금엉금
손끝 분주한 여인네들

세월의 굴레 속에
속앓이 사연 강물에 털어놓고
고개 숙인 채 묵언
쑥 향기에 푹 빠진다

고개 든 계절의 언저리
풍성한 강둑 푸른 눈빛
정다운 햇살 아래
보약 같은 향

제 몫을 다하는 초연함
자연의 품이 행복한 이 순간
맛 좋은 쑥국 한 그릇에
낙동강 봄이 무르익는다

봄, 낙동강 강둑길

훈훈한 향기 자욱한 강둑 아래
싱그러운 대나무숲이 무성하다

촘촘히 쭉 뻗은 대나무 오솔길
걷는 사람들 발목을 붙든다

길섶에 고개 내민 여린 들꽃은
앙증스레 예쁜 선물 꽃을 피운다

햇살 머금은 강둑 유채꽃도
노랑 수채화로 곱게 물들었다

화사한 벚꽃 터널 시화거리 걷노라면
낭만의 강자락엔 시심 가득 피어난다

단비 내린 후

잔뜩 내려앉은 하늘
뿌연 침묵이 앞을 가리고
그칠 줄 모르는 빗줄기
종일 낙동강에 퍼붓던 날

강물 속 찌꺼기
구석구석 씻어 흘려보낸
강물도 한결 맑아진
낙동강 밤이 저문다

목마른 대지에 넉넉한 단비
창밖의 청청한 구름 사이
붉은 아침 햇살은 강물에 어리어
함박웃음 머금었다

강물의 울림

하늘엔 뭉게구름 유유히 떠돌고
산은 온통 숲을 이룬 꽃구름 행렬

만선을 기원하는 어부의 노랫소리
선율에 흥겨운 초록빛 강물

인내와 꿈 실어 밀려오고 밀려가며
모래톱 새긴 하얀 모래펄 파동

고단한 몸 강물에 의지한 채
바람에 주름진 낙동강 메아리

하얀 목련

웅크린 몽우리들
강바람에 떨며
눈물 삼키고
부풀린 몸집
곱게 피었다

고단한 어깨
가슴 활짝 열고
봄빛 머금은
맑은 자태
볼수록 탐스럽다

고결하고 청초한 용모
피었다 지는 꽃잎
강물 같은 우리 인생
하얀 목련처럼
맑게 살라 꾸짖는다

풀꽃

강둑 길섶에 고개 내민
강한 생명력을 가진 풀꽃
앉은 매무새 앙증스럽다

봄 햇살에 배시시 깨어난
작은 몸집 풀꽃들
맑은 눈빛으로 반긴다

초록 풀빛 사이 있는 듯 없는 듯
이름 없는 삶을 살아도
풀꽃은 싱그럽게 웃고 있다

발길 머물러 잠시 마음 주면
고개 들어 빤히 올려다본
눈매 강물처럼 반짝인다

가을 낙동강

아득한 강변에 누렇게
물오른 갈대들의 환호
들엔 오곡이 여무는 소리
낙동강 황금물결 파도를 탄다

산들의 화려한 절경
아름답게 수놓은 홍엽
춤추는 억새들의 군락
하얗게 눈길을 끈다

밤하늘엔 별들의 무도회
달빛 실은 구름 정처 없이 흘러
산야는 서정 속에 잠들고
귀뚜라미 소리 청량하다

가을 속삭임

맑은 빛으로 가득 채운 하늘
한가로이 떠도는 솜뭉치 구름
하염없이 흐르는 강물 위에
성큼 다가온 가을
찌던 더위 솔바람에 밀려
저만치 사라진 나그네

풀벌레들의 속삭임
초원엔 귀뚜라미 우는 소리
알알이 여문 곡식들
고개 숙인 풍년 마당 너머
누렇게 물든 산과 들에
붉은 저녁노을 곱게 번진 낙동강

가을바람

산길 걷노라면
볼을 스치는 소슬바람
억새풀은 고개를 흔들며
신명나게 어깨 들썩인다

하얀 옷 단정한 매무시
발길 닫는 능선마다
소복소복 어울려
한마당이 강물처럼 출렁인다

손닿을 듯 파란 하늘
한껏 사랑에 빠져
목청 돋운 산새 노래
맑은 바람소리 스친다

가을

만산이 화려한 풍경
단풍이 절정을 이루고
계절마다 색다른
옷차림이 눈부시다

홍엽이 강바람에
날개를 달고 휘청휘청
낙동강이 품은
시어들 오롯이 건진다

나이테는 쌓여가는데
말릴 줄 모르는 계절
강물은 쉬지 않고
흘러 흘러 빛을 보탠다

겨울 풍경

양광陽光이 내려쬐는
탁 트인 낙동강
잔잔한 강물 위에
오밀조밀 떠 있는 작은 배
침묵 속에 피어난
신비로운 물안개

건물들의 키재기 경쟁
하얗게 덮은 설산雪山
바람 따라 유유자적
허공에 떠도는 구름
자연의 조화로운 풍경
낙동강 윤슬 눈부시다

행서 行書

숙연한 자세로 앉자
화선지 붓길 따라
시심 담은 글귀
묵빛으로 피어난다

자유자재 돌고 도는 행서
촉촉이 새겨진 글
무성한 초목들 숲을 이루고
낙동강 글꽃이 생동한다

푸른빛에 서린 강물
품에 안고 유람도 하지
유연한 붓길 구불구불
유영하듯 흘러가는 행서

세상살이

뽀얀 안개 자욱한 높고 낮은 산
녹음 짙은 경치는 싱그럽고
하품하듯 열린 고층 아파트 창
강바람이 몰고 온 풋풋한 향기 스민다

바쁜 생활에 황급히 나선 사람들
갈 길이 바쁜데 도로는 만원
울긋불긋 차들은 땅에 붙은 거북이
성질 꾹꾹 누르며 함께하는 일상

맑은 하늘 쳐다보고 스스로 위로
내일을 위해 쉬지 않는 바깥세상
긴 터널 속 고달픈 세상살이
낙동강을 품고 앞만 보고 행진한다

황혼 예찬

높푸른 하늘
두둥실 떠도는 빙하

하염없이 흐르는 낙동강
일렁이는 푸른 물결

구름 사이 내민 햇살
붉게 피어난 만경창파

일각일각 변하는 하늘
아름답게 익어가는 황혼

황혼빛 강바람

지난 온 시간들
세월에 묻어두고
무심히 달려온
심술궂은 바람

인고의 세월
햇살에 익어간 몸빛
미련도 후회도 없이 보낸
자유로운 바람

강바람 향기 맡으며
물길 머문 자리
정서 쌓인 글들 한마당
황혼빛 강바람

| 서 평 |

잊혀진 기억 퍼즐로 다시 메운 삶의 행로

서태수 | 시조시인, 문학평론가

⟨1⟩

 소전素田 변옥산 시인이 디자인한 만년晩年의 인생 퍼즐 puzzle은 총천연색이다. 그 화려한 그림은 이미 상재한 문집 『가을 꽃바람』(2018)에도 잘 나타나 있다. 그런데 화려한 노년과 달리 유년幼年의 기억은 옅은 그림자로 아련하다. 많은 부분이 지워지고 공백으로 남아 있다. 그것은 어릴 때 겪었던 전쟁과 피란 생활 때문이었던 것 같다.
 인간의 삶의 역사는 경륜經綸의 축적이다. 촌각寸刻이 모여 시간이 되고, 시간이 흘러 세월歲月이 된다. 흐른다는 것은 시간이 묵고 공간을 누빈다는 뜻이다. 시간이 묵으면 세월이 되고 공간을 누비면 경륜이 된다. 그 발자취들은 퍼즐 조각으로 시공간에 흩어져 있다. 고개를 되돌려보면 긴 강물은 기억의 편편片片으로 일렁이는 것을 본다.
 강물과 함께 세월이 흐르면 그 조각들은 금빛 은빛으로 빛

나는 것보다도 잿빛으로 아련한 경우가 더 많다. 때로는 이 조각 퍼즐들을 한 폭의 그림판으로 꿰어맞추는 일이 불가능하다는 것을 깨닫는 것도 이 즈음이다. 시간이 묵어간다는 것은 스스로를 삭혀 어우러지는 과정이며, 세월의 강물에 몸을 적시는 시간이 곰삭을 무렵이면 구체적 경험들은 추상抽象의 물길로 아련해진다. 이것이 세월 속에 함께 하는 인생행로다.

시집『흥남부두 LST를 탄 소녀』는 소전의 자전적 이야기다. 6·25 전쟁은 대한민국 현대사에서 암울했던 골짜기다. 소전은 그 파란波瀾과 후유증의 한 가운데서 부모님을 따라 유년을 보내고, 피란민의 애환 서린 고난을 극복한 당사자다. 그래서 이 시집에 담겨 있는 이야기는 한 개인의 사연이지만 대한민국 현대사의 생생한 작은 물줄기도 된다. 그러나 갑년甲年도 더 흘러넘친 먼 세월의 물길을 더듬어 이 시집에 그려낸 소전의 기억 퍼즐 또한 미완성일 수밖에 없다.

소전은 〈시인의 말〉에서 "살아남기 위해 모진 가난과 싸워야 했고 피나는 노력을 해야만 했다."라면서 한 맺힌 사연들을 전쟁의 아픔으로 다시 기록하게 될 줄 몰랐다고 말한다. 막상 글을 시작해 보니 6·25로 인해 부모 형제 남북으로 갈라져 아픔을 가슴에 묻은 채 일생을 보낸 사람들에 대한 동병상련의 기억들이 섞여드는 모양이다. 70년 넘는 세월이 흘러도 날카로운 경계선은 아직 그대로임을 탄식한다.

이야기 시집 『흥남부두 LST를 탄 소녀』는 순행적 구성으로 모두 여섯 모둠이다. 시집 내용이 실화를 기반으로 한 이야기시이므로 특별한 해석은 필요 없을 것이다. 따라서 본고에서는 내용상 전쟁 극복의 사연과 만년의 문학 서정 두 부분으로 나누어 소략하게 살펴보겠다.

〈2-1〉

6·25 발발로 인한 삶의 역정은 〈1. 흥남부두의 생명선 2. 거제도 피란살이 3. 충무동 판잣집 4. 뿌리 옮긴 타향〉의 총 4부로 사실적으로 구성되어 있다.

소전은 약력에서 "함경남도 흥남에서 태어나 공습과 폭격에 도망도 다니다 1·4 후퇴 때 부모님을 따라 흥남부두에서 미군 군함 LST를 탔다. 열 살 때였다."라고 밝히고 있다. 그런데도 잃어버린 퍼즐판에서는 "고향에 대한 기억은 텅 빈 종이판이다. 동무도 없고, 동네 생김새도 기억나지 않는다." 라고 한다. 열 살이라면 유년의 기억은 충분히 남아 있을 것인데도 시인의 기억은 '텅 빈 종이판'이다. 전쟁의 소용돌이 속에서 형성된 억압抑壓repression의 방어기제防禦機制 defense mechanism 같다. 이는 감당할 수 없는 생각과 감정을 무의식으로 보내어 자신을 보호하는 심리현상이다. 이를 통해 어린 시절의 소전은 자아가 현실을 극복할 수 있는 시간을 벌어왔을지도 모른다. 당시의 충격적 사건들은 간헐적 이미지의 불연속선으로 각인되어 있다.

> 여름이었다. 동생과 어머니 가게로 가는데 갑사기 무서운 비행기 소리. 혼비백산한 사람들이 부리나케 도망가기 시작했다.
> (중략)
> 낮이면 귀를 찢는 비행기 소리. 폭격이 시작되면 천지를 진동하는 굉음에 놀란 사람들이 방공호 속으로 뛰어들었다. 밤이면 대포 쏘는 소리가 멀리서 들렸다. 불덩이 대포알이 공중에서 팽글팽글 돌았다.
>
> ―「전쟁 터지다」, 부분

전쟁이 길어지자 사람들과 함께 산속 움막집으로 피신했다. "밤이면 불꽃 튀는 총알도 겁 없이 쳐다보았다."라고 하니 전쟁도 멀리서 보면 아름다운 것인가 보다. 여러 달 후 집에 왔을 때 전쟁의 상흔은 컸던 모양이다. 파편 조각이 널려있었다. 결국 가족 모두 소문 따라, 남들 따라 흥남부두로 향했다. 겨울의 심한 추위에 부모님 따라 걷고 걸었다. 한겨울의 남부여대男負女戴! 우리가 가끔 '구경'하는 TV 속의 그림, 내전이나 종교적 갈등으로 고난을 겪는 아프리카나 중동의 '한심하고 불쌍한 민간인' 그림이 아니다. 먼 세월 저편의 이야기도 아니다. 이 시집을 읽는 독자의 부모 혹은 조부모 시절 겪은 사실이다. 흉흉한 그림자만 무성한 전쟁의 틈바구니, 더구나 생명줄은 선착순으로 손에 잡을 수 있다는 소문이다.

> 흥남부두의 달빛은 환하게 겨울밤을 밝히고 있었다.
> 꽁꽁 언 땅 위에는 수많은 인파의 물결이 일고 있다.
> 그 속에서 어른들의 울음이 들려왔다.
> 밀리는 인파에 손을 놓쳐버린 아이를 찾는 엄마의 피맺힌 목소리였다.
> 어른을 잃어버린 아이 울음소리도 애처롭게 들렸다.
> 가족을 찾는 애절한 목소리는 거친 파도에 묻혀갔다.
> 다행히 우리 가족, 네 명은 한 곳에 웅크리고 앉을 수 있었다.
>
> ―「흥남부두의 달빛」, 전문

흥남부두로 가는 길에는 전쟁만 있는 것은 아니었다. 날강도도 있고 아버지가 잠시 실종된 사건도 겪었다. 오리무중의 공포 상황에서도 요행히 생명의 동아줄 미군함 LST를 탔다. 먹고 마실 것도 넉넉지 않은 맨몸 탈출이었다. 뱃멀미를 하면서, 앉은 채로 새우잠을 자면서 지새운 추운 겨울 한바다의 군함이었다. 몽둥이 치안으로 질서를 잡는 속에서 시체도

구경하고 출산 소식도 듣는다. 낮과 밤을 헤아릴 수 없는 처참한 환경이었지만 배는 항해를 계속했고 남쪽 섬나라에 정박했다. 안전한 곳이란다.

인솔자를 따라 걸어서 목적지까지 가는 행로도 만만을 리가 없었다. 다리가 아파 업어 달라고 칭얼대고, 점포가 보이면 이것저것 사달라고 졸라대는 다섯 살 여동생이 함께 걸었다. 어머니가 지쳐 넘어지면서 도착한 곳에서 첫밤을 맞이했다.

    인솔자 아저씨가 사람들을 학교로 데려갔다.
    잠잘 곳이 정해지지 않아 오늘은 여기서 잔다고 했다.
    교실이 아니고 휑뎅그렁한 운동장이다.
    가마니를 나눠 주었다.
    깔고 덮었다.
    남쪽이라지만 웅크린 겨울밤은 몹시 추웠다.
    밤하늘 별빛이 손에 닿을 듯 반짝이고 있었다.
    별똥별이 길게 떨어졌다.

                                              - 「거제도 첫밤」, 전문

전쟁 난민의 참상은 고금동서가 같은 모양이다. 피란민의 삶은 어떠했을까. 고무신이 없어 짚신을 신고 다녔다. 마을의 집집에 배치를 받은 피란민들은 깡통에 배급받은 납작보리와 안남미 쌀로 밥을 지었다. 반찬은 소금이 전부였다. 배급 양식으로는 부족했지만 그래도 밥을 먹을 수 있어 좋았단다. 생계를 위해 어머니는 삯바느질을 했다. 전쟁 속에서도 배움에 목마른 우리 민족이기에 아버지는 뜻밖의 몫을 하게 된다.

> 아버지는 시골아이들 천자문을 가르치셨다. 측은지심으로 가르치셨다. 종이가 있을 리가 없다. 아버지께서 사판沙板을 손수 만드셨다. 널빤지 나무를 적당한 길이로 잘라서 상자처럼 만들었다. 모래를 담아 놓고 짧은 막대기로 '천天' 자를 쓰고는 벽을 탁! 치면 모래판이 가지런해졌다. 아이들도 나도 신기해하며 재미있게 공부했다.
>
> – 「아버지의 글방」, 부분

학문을 숭상했던 우리 민족은 속수지례束脩之禮로 보답을 한다. 이웃에서 고마워하시며 밭작물을 가져오곤 해 배는 곯지 않았다고 한다. 거제도 칠천도에서 태어난 아이들 이름이 칠천돌이, 칠천이, 개천돌이, 섬돌이가 많이 생겼다.

생활에 질서가 잡혀가자 거주 이전의 자유는 있었나 보다. 작은 섬에서 살다 연초면으로 이사를 나왔다. 여기는 배급 쌀이 나오지 않아 늘 배고픔의 고통을 감수해야만 했다. "고향에서 쌀가게를 하신 어머니는 고향을 떠날 때 작은방 가득 쌓아놓은 쌀가마니 생각에 밤잠을 이루지 못하셨다."라고 한다. 아랫방 세 든 사람에게 열쇠를 임시로 맡겨놓았다고도 한다. 해방 직후 우리와 별다를 것 없는 북한 민가의 생활상을 짐작할 수 있는 부분이다. 생활이 어려운 것을 보다 못한 이웃집 아주머니가 흰쌀을 큰 바가지로 한가득 주셨단다. 모두 가난했던 시절. 쌀이 귀한 섬이었지만 인정 많은 민족성은 배곯은 가족의 눈이 번쩍 뜨이게 했다.

군인들이 많아 건빵, 초콜릿, 빵, 껌, 과자 등등 선물을 받아온 기억이 난다. 그런데 위생관리가 비위생적이었다. 몸에 뿌린 DDT다. 어른, 아이 할 것 없이 한 줄로 늘어서서 디디티 살충제를 뿌렸다. 옷소매와 등과 머리에 미군들이 뿌려주었다. 하얗게 덮어썼다. 서캐, 이, 빈대, 벼룩도 많았던 시절이었다. 김해평야에서 살았던 필자도 당시 디디티를 뿌린 기억이 생생하다.

약속은 하지 않았어도 만남의 운명은 있나 보다. 비슷한 사연으로 내려온 피란 생활이라 고향 사람들이야 가끔 만날 수도 있겠지만 연초면에서 두 외당숙을 만난다. 피란 생활의 작은 도움을 받다가 외당숙들의 도움으로 부산 충무동에서 새로운 시작의 꿈을 실천하게 된다. 맨몸으로 응전應戰한 어머니의 국제시장 생존 실험은 큰 도전이었다. 작가 나이 14살, 고향에서 LST 배를 타고 내려온 지 4년 만이다. 작은 판잣집에서, 부모님은 고향을 가슴에 묻어둔 채 온몸을 던졌다. 남

남북녀라더니 어머니의 또순이 같은 노력으로 살림살이가 나아지고 타향에 옮겨심은 새 뿌리도 든든해지기 시작한다.

작가는 일가친지의 소개로 시향 단원인 바이올리니스트와 결혼하였다. 남편도 1·4 후퇴 피란민이었다. 파란만장했던 부모님들은 만년에 자수성가로 뿌리 든든히 내려놓고 평안하게 돌아가셨다. 소전은 자식농사도 잘 지었다. 의학박사 큰아들은 의학전문대학원 교수로 재직 중이고 공학박사 작은아들은 공대 교수로 재직하고 있다. 딸도 대학교 졸업하였다.

국제시장에서 직접 가게를 내고 자녀들도 모두 자라 삶의 뿌리가 제법 든든해지면서 만학도의 길로 접어들었다. 가정 형편이 어려워 학업을 계속할 수 없었던 가슴의 응어리도 풀었다. 부산여자대학교 사회복지상담학과를 졸업하고 문화적 시야를 넓혀 한문 서예에 입문했다. 보수동에서 뿌리를 내렸으니 부모님이 생존실험을 한 그 언저리를 떠나지 않고 있다.

남편은 어느 가을날. 갑자기 떠났다. 이미 장성한 자식들은 아버지 급보를 받고 출근길 옷 입은 채로 내려와 아버지를 떠나보냈다. 손자는 대학생이고 손녀는 고등학생이 되었다.

문학에 뜻을 두고 있던 차 강서문화원 문학반에서 문우들을 만나 십 년 동안 함께한 인연이 쌓였다. 등단도 하고 『가을 꽃바람』을 상재했다. 〈칠점산 문학상〉도 받았다. 흥남부두에서 미군 군함 LST를 탔던 소녀의 긴 항해는 70년 물길 위에서 꽃물결의 절정을 그려내고 있다.

⟨2-2⟩

　흥남부두에서 발진한 미군함 LST를 탔던 소전이 만년에 문학 서정의 닻을 내린 곳은 낙동강이다. 제5부와 제6부에서는 여기에서 건져 올린 낙동강 서정시 50여 편이 수록되어 있다.
　황혼의 나이에 새로운 시정의 낚시질에 몰입할 수 있는 그 열정에 먼저 찬사를 보낸다. 낙동강 물길이 아무리 깊고 넓어도 주마간산走馬看山으로 스쳐가는 문인들에게는 제 서정을 쉽게 적셔주지 않는다. 낙동강에 뿌리를 두었거나 현재 강변에 터전을 잡은 사람들이야 강과 생활이 밀착되어 있기에 낙동강 서정에 젖어들기 쉽다. 그러나 소전은 강서와 인연을 맺기 전에는 낙동강을 전혀 모르는 사람이었다. 강서 문인들과 함께 어울리는 세월 속에 어느덧 강서의 촉촉한 안개 속에 스며들어 물길 서정이 반짝이는 황혼빛 윤슬로 출렁이고 있다.

　　굽이굽이 흘러
　　낙동강 상큼한 바람 맞으려

변함없는 강줄기 따라왔네

그 낯설던 낙동강
강변 사랑하는 꽃들과
정든 물빛 그리움

내 영혼을 담아 둔 강자락에
다시 피어나는 꿈
오래도록 함께 꽃피우리

― 「물빛 그리움」, 전문

   낙동강은 일천삼백리를 흘러 여기 하구에까지 왔다. 그리고 열 살 무렵 흥남부두에서 발진한 미군함 LST를 타고 낯선 땅에 뿌리를 내린 소전의 인생도 흘러 칠십 년 성상이다. 숱한 그리움들이 강물 위에 조각보로 일렁일 것이다.

   어딘지도 모르던 낯선 땅 / 험난한 피란길 숨차게 달려왔네 / 뿌리 내려 정든 고향 된 지도 / 어언 칠십 년이 넘었다 / 고향 잃은 서러움 / 무서운 전쟁의 풍란 / 암울하던 내 어린 시절 / 아이는 자라 일찍 철들었지 / 세파에 흔들리지 않고 / 의지대로 산 삶 / 포근하던 햇살 너머 / 빗줄기 사나울 때도 있었지 / 때로는 훈풍에 / 반짝일 때도 있었네 / 가슴 나눌 가족들 있음에 / 늘 감사하고 살았지 / 가을하늘에 비춰

본 내 모습 / 굽이굽이 강물 따라온 길 / 주름진 삶에 훈장 / 손 마디마디 성난 관절 / 머리엔 하얀 서리 내렸네 / 두리뭉실 살아온 인생

- 「인생사」, 전문

기나긴 폭풍과 먹구름 사이 햇살도 있었고 때로는 훈풍에 반짝일 때도 있었다고 추억한다. 되돌아보면 어찌 그리운 사람들이 없겠는가. 함께 뛰놀던 아련한 기억 속의 고향 동무들, 적수공권赤手空拳으로 낯선 땅에서 새 뿌리를 내리려 온갖 풍상을 헤치며 허리를 곧추세우신 부모님, 그리고 사랑했던 남편의 얼굴….

약속 없이 떠난 사람
남기고 간 숱한 흔적
점점 희미해져 간
세월 속 그림자만 보일 뿐
말이 없는 시간은 강물 따라
쉬지 않고 달려가건만

빛바랜 소식
강바람에 실어 전해 올까
한줄기 작은 소망

가슴에 묻어 둔 채
허공에 그려본다
그리운 마음 꿈에라도…

- 「꿈에라도」, 전문

시인이 낙동강에서 포착하는 추억 서정은 사람만이 아니라 역사도 곁들여진다. 천성진성이나 외양포 등의 낙동강 하류의 역사도 그의 눈에 잡혀든다. 비에 젖은 전적비를 바라보며 이순신 장군의 연전연승의 역사를 새기고, 외양포 사람들에게서는 백 년 삶의 터전을 일구고 살았어도 내 집 내 땅 없는 설움을 함께 나눈다. 가만히 생각해 보면 사람 사는 게 강물 위에 떠내리는 낙엽 같다.

나무 아래 다소곳이 앉아보면
지난날의 하고많은 추억은
조각조각 매달린 나뭇잎
저 잎들 땅에 떨어지듯
세월 따라 물빛 따라
붉게 피고 지는
우리네
삶

- 「낙엽 인생」, 부분

삶의 다채로운 서사들이 강으로 전이되는 서정이다. 낙동강은 소전에게 참으로 많은 시정을 선사하고 있다. 소전이 문학보다 앞서 익힌 예술은 서예書藝 공부였다. 서예 인생의 필치筆致가 유유히 흐르는 강물에 섞여들면서 정갈한 물결이 인다. 엮어온 삶의 행로가 서예의 필묵筆墨에 변주變奏된다.

　　숙연한 자세로 앉자
　　화선지 붓길 따라
　　시심 담은 글귀
　　묵빛으로 피어난다

　　자유자재 돌고 도는 행서
　　촉촉이 새겨진 글
　　무성한 초목들 숲을 이루고
　　낙동강 글꽃이 생동한다

　　푸른빛에 서린 강물
　　품에 안고 유람도 하지
　　유연한 붓길 구불구불
　　유영하듯 흘러가는 행서

　　　　　　　　　　　　　　－「행서行書」, 부분

묵빛으로 일렁이는 강물의 글꽃 이미지가 생동감을 자아낸다. 세상의 사연을 일일이 다 기록하는 강물은 시절에 민감하여 풍랑 따라 다양한 서체로 일렁인다. 여러 서체 중에 시인의 서정을 실은 물길은 행서체로 굽이지는 모양이다. 해서楷書는 너무 단정하고 초서草書는 어지럽다. 소전의 인생은 전서篆書나 예서隷書의 고아古雅한 기풍에 흥겨움도 함께 실어 흐르는 행서체의 행로다. 이런 삶의 행로에서 비치는 정갈하면서도 유연한 물결 흐름이 시심으로 스며들어 그의 만년晩年은 아름답게 익어간다.

> 높푸른 하늘
> 두둥실 떠도는 빙하
>
> 하염없이 흐르는 낙동강
> 일렁이는 푸른 물결
>
> 구름 사이 내민 햇살
> 붉게 피어난 만경창파
>
> 일각일각 변하는 하늘
> 아름답게 익어가는 황혼
>
> — 「황혼 예찬」, 전문

시인의 서정이 대우對偶된 낙동강 하류의 무르익은 시간성이 간명하게 포착되었다. 파문이 이는 조각보 같은 동적動的 분위기다. '하늘, 빙하, 강, 물결, 햇살, 황혼' 등의 동원으로 다채로운 색상의 대응이 물결 이미지로 출렁거린다. 적지 않은 나이임에도 낙동강 문우들과 어울린 10년 서정에 이렇게 아름다운 낙동강 시심을 대량으로 건져 올린 시인의 열정이 대단하다.

〈3〉

　이야기 시집 『흥남부두 LST를 탄 소녀』는 전쟁의 역사가 되풀이되지 않기를 바라는 마음으로 기억의 퍼즐 조각을 맞추어 보는 시인의 자전적自傳的 화보畫譜다.

　흘러온 삶의 하구河口를 서성이며 파란만장했던 물결 생채기를 추억하노라면, 6·25로 인해 부모 형제 남북으로 갈라져 살아온 아픔을 가슴에 묻은 채 일생을 보낸 사람들이 먼저 떠오를 것이다. "길어야 육 개월, 짧으면 삼 개월이면 고향으로 돌아온다는 생각으로, 세 들어 사는 사람에게 돌아올 때까지 집 잘 봐달라는 부탁과 열쇠를 맡겼다."라는 말은 훗날 부모님께 들었을 것이다. 이 부분에서 전쟁에 대한 민간인의 정보가 얼마나 황망한 것인가를 짐작할 수 있다. 전생으로 인한 민간의 피해는 전쟁터에서만 일어나는 것이 아니다. 누대로 살아온 자기 삶의 터전에서도 때로는 이념으로, 때로는 무고하게, 때로는 영문도 모르게 목숨을 잃는다. 삶의 터전도 뭉개지고, 군인보다 민간인이 더 많이 죽고 다친다. 이런 점에서 과연 전쟁은 누구를 위한 폭력인가 하는 근원적 의문을 품을 수도 있다. 소전도 〈시인의 말〉에서 "어느덧 70년 넘는 세월이 흘러도 날카로운 경계선은 아직 그대로다."고 탄식하고 있다.

그래도 살아남은 사람은 또 피눈물 나는 도전으로 새 뿌리를 내린다. 맨몸으로 내려와 부딪치는 자본주의 사회의 거센 풍랑을 이겨낸 사람들이다. 소전은 부모님께서 내린 그 뿌리의 수혜자임과 동시에 눈물겨운 극복의 당사자이기도 하다. 그렇기 때문에 『흥남부두 LST를 탄 소녀』는 전쟁의 아픈 역사가 되풀이되지 않기를 바라는 마음으로 퍼즐 조각을 맞추어 보는 시인의 내밀內密한 그림책인 것이다. 다행스럽게도 그 그림책의 마지막 장은 시인이 긴 세월 속에 새 뿌리를 내려 용케도 열매까지 수확한 행복을 누리고 있다.

 지난 온 시간들
세월에 묻어두고
무심히 달려온
심술궂은 바람

인고의 세월
　햇살에 익어간 몸빛
　미련도 후회도 없이 보낸
　자유로운 바람

　강바람 향기 맡으며
　물길 머문 자리
　정서 쌓인 글들 한마당
　황혼빛 강바람

-「황혼빛 강바람」, 전문

　그야말로 '파~란~만~장波瀾萬丈'한 세월이었다. 흥남부두에서 발진한 미군함 LST가 수송선의 역할을 다하자 피란민들은 낯선 땅의 새로운 항해를 위해 맨몸의 거룻배가 되어야 했다. 소전의 부모님은 기항지寄港地 거제도를 거쳐 충무동 언저리에서 정박碇泊을 하게 된다. 세월의 물결 속에서 뿌리가 더욱 든든해진 소전은 대학 공부와 서예 입문으로 문화의 돛단배를 따로 마련하였다.
　인연의 강바람은 뱃머리를 낙동강으로 불러들였다. 사계절 꽃잎 윤슬 낭자한 강둑에 시심詩心의 닻을 내리고, 정겨운 강서 문우들과 어울려 시와 수필을 통해 추억의 서사와 서정도 이미 『가을 꽃바람』에 녹여 내렸다. 낙동강 순풍에 출렁이는 돛단배는 어느덧 소전 인생의 대미를 장식하는 한 부분으로 더욱 아름답게 무르익어가고 있다.

 남은 여정도 계속해서 함께 흘러가기를 바라며, 이야기 시집 『흥남부두 LST를 탄 소녀』 발간에 대한민국 정부가 작은 보상이라도 하듯 부산문화재단 지원까지 받게 되어 더욱 기쁘다.

흥남부두 LST를 탄 소녀

인쇄일 2022년 4월 01일
발행일 2022년 4월 04일

지은이 변옥산
펴낸이 박철수
펴낸곳 도서출판 해암

등록번호 제325-2001-000007호
주소 부산시 중구 대청로 138번길 9 (대원빌딩 302호)
전화 051)254-2260
팩스 051)246-1895
메일 haeambook@daum.net

ISBN 978-89-6649-222-0 03810

값 12,000원

* 본 사업은 2022년 부산광역시 부산문화재단
 (부산문화예술지원사업)으로 지원을 받았습니다.